Flüchtlingskind mit Vaterwunden

AF198672

Flüchtlingskind mit Vaterwunden

Die Geschichte eines deutschen Kriegsenkels

Hans Behrendt und Julia Genazino

Bibliografische Information der Deutschen Nationalbibliothek
Die Deutsche Nationalbibliothek verzeichnet diese Publikation in der
Deutschen Nationalbibliografie; detaillierte bibliografische Daten sind
im Internet über http://dnb.dnb.de abrufbar.

Hans Behrendt, »Flüchtlingskind mit Vaterwunden – Die Geschichte
eines deutschen Kriegsenkels«
Geschrieben von: Julia Genazino

Das Titelbild zeigt die Flüchtlingsbaracken in Lahr/Schwarzwald in
den 50er-Jahren, wo Hans Behrendt als Kind vier Jahre lang lebte.
Verwendung des Fotos mit freundlicher Genehmigung des
Stadtarchivs Lahr, Frau Gabriele Bohnert

Herstellung und Verlag: BoD – Books on Demand
ISBN 978-3-7448-9124-0

Vorwort

Keiner kannte mich richtig, den kleinen Jungen von nebenan. Aber jeder wusste: Das ist ein Flüchtlingskind, der Sohn von Paul, dem Säufer, Schläger und Nichtsnutz. Der Junge wird eines Tages so werden wie der Alte. Warum wurde ich geboren? Warum lebe ich? Und warum ist mein Leben so traurig? Diese Fragen beherrschten meine gesamte Kindheit. Immerzu habe ich mich danach gesehnt, Glück zu spüren, Geborgenheit zu genießen und ohne Angst zu leben. »Wenn ich groß und stark bin, möchte ich ein schönes Zuhause, eine warmherzige Frau und Kinder, die stolz auf ihren Vater sind.« Alles wollte ich anders machen, nichts sollte mich mehr quälen – eine große Sehnsucht, die mich an jedem Tag meines Lebens begleitet hat.

Mein Vater hat meine Kindheit brutal zerstört. Die Grausamkeit lastet immer noch schwer auf meiner zarten Kinderseele. Seine übermächtigen Wurzeln nahmen mir lange Zeit den Raum für ein eigenständiges Leben. Im Lauf der Jahre habe ich mühevoll eigene Wurzeln gebildet, die mich heute nähren. Jetzt weiß ich, dass mein Leben nicht umsonst war. Irgendwann habe ich gespürt, dass es sich lohnt, zu kämpfen. Mit psychologischer Unterstützung konnte ich mir ein erträgliches Leben schaffen. Das Aufräumen meiner Seele hat mein gesamtes Leben geordnet und mir eine neue, heilsame Orientierung gebracht. Aber es gibt Ecken und Kanten, die man nie ganz abrunden kann. Ich werde wohl ein ewiger Patient bleiben. Die therapeutischen Gespräche geben mir immer wieder Kraft, um weiterzukämpfen. Aber »Nein« sagen kann ich bis heute nicht gut. Das wissen meine Mitmenschen, und manche nutzten diese Schwäche zu ihrem Vorteil. Das ist nur eine der Baustellen, an denen ich Tag für Tag weiterarbeiten muss.

Mit diesem Buch möchte ich mein Leben für Menschen öffnen, die auch ein schweres Bündel zu tragen haben. Ich bin bereit, alles zu erzählen, ohne Auslassungen oder Beschönigungen. Immer habe ich ums Überleben gekämpft: Heute will ich denen Mut machen, die auch schon als Kind in finstere menschliche Abgründe blicken mussten. Wenn ich noch so niedergeschmettert war – letzten Endes bin ich wieder vom Boden hochgekommen und habe mich neu aufgerichtet. Dafür musste ich alle meine Kraftreserven ausschöpfen. Diese Energie kann ich nur deswegen immer wieder aufbringen, weil ich weiß, dass ich gebraucht werde – von denen, die mich lieben, achten und schätzen. Für diese Menschen hat es sich gelohnt, mit dem Teufel zu kämpfen. Ihnen wollte ich zeigen, dass ich es schaffe und sagen kann:»Ich bin wieder da.« Diese Kraft hat mich vorangetrieben – und sie gab mir den notwendigen Halt zum Überleben. Jeder Mensch ist wichtig und wird von jemandem gebraucht. Dafür lohnt sich der Kampf. Allen, die dieses Buch lesen, will ich Mut und Entschlossenheit schenken, um den Stürmen des Lebens die Stirn zu bieten.

Im Flüchtlingslager zu Hause

Ich bin in einem Flüchtlingslager in Schleswig-Holstein geboren. Viele Kinderjahre habe ich in verschiedenen Lagern verlebt. Sowohl mein Vater Paul als auch meine Mutter Frieda waren aus der damaligen DDR vertrieben worden. Die Heimat der Mutter war Ahlbeck auf Usedom, das zu Pommern gehörte. Die Russen marschierten ein, es wurden Bomben gezündet, Häuser gingen in Flammen auf. Vater und Mutter flüchteten 1945 in großen Trecks Richtung Westen. Kennen gelernt haben sich meine Eltern nach ihrer Flucht. Es war ein Durchgangslager, wo sie mehrere Jahre ausharrten. Zusammen mit anderen Vertriebenen aus der DDR warteten sie hier auf ihre weitere Verschickung. An diesem Ort wurde zuerst meine Schwester Helga und 1950 auch ich geboren, kurz zuvor hatten die Eltern geheiratet. Unsere ganze Familie war in einem Lager entstanden. Hier mussten die Eltern hart arbeiten, der Vater war »im Torf«; er musste Torf stechen. Die Mutter schuftete für Bauern auf dem Feld. Wie sie mir später erzählte, wurde ich als Baby einfach in den Kinderwagen oder auf eine Decke an den Feldrand gelegt. Mit meiner Schwester zusammen musste ich dort so lange bleiben, bis ihr Arbeitstag vorbei war. Eine ihrer Erzählungen handelt von einem heftigen Gewitter mit Starkregen. Der Kinderwagen stand zu weit weg von der Arbeiterschaft, die Mutter durfte ihre Arbeit auch in diesem Moment nicht unterbrechen. Alle, auch wir kleinen Kinder wurden völlig durchnässt, der Donner knallte, ich habe vor Angst lange und laut geschrien.

Als ich ein Jahr alt war, wurden wir nach Lahr-Dinglingen in Süddeutschland verschickt.

Kindheit in Baracken

Meine frühesten Kindheitserinnerungen erscheinen in Bildern, die ich tief in mir trage und die mich wohl nie loslassen werden. Vor mir sehe ich eine übermenschlich riesige, allmächtige Vaterfigur, in deren Schatten ich stehe. Daneben meine Mutter, klein, sanft, liebevoll. In meinen Träumen hat sie Flügel, die sie schützend über uns Kinder deckt.

Unsere neue Bleibe in Süddeutschland war eine elende Holzbaracke. Die Behausungen waren haltlos auf den bloßen Erdboden gesetzt. Hunderte von Flüchtlingen und andere »Asoziale« waren hier im Getto untergebracht. Verließ man das Gelände, musste man durch ein Tor gehen.

Die Baracken waren hauptsächlich aus Pappe gebaut, sogar die Ziegel. Unsere einzige Wärmequelle war der Holzofen in der Küche. In dem Wohnraum, wo wir alle zusammen hausten, war es kalt und zugig. Wir Kinder und die Mutter schlangen uns eng aneinander, um uns gegenseitig zu wärmen. Wir waren alle oft krank, Erkältungen und starker Husten gehörten zu unserem Alltag. An vielen Stellen regnete es ins Haus hinein. Überall standen Schüsseln herum, um das eindringende Wasser aufzuhalten. Bei Regen waren die Wege um die Häuser herum kaum mehr begehbar. Der Boden verschlammte so stark, dass man mit den Schuhen im Morast stecken blieb.

In unserer Behausung gab es weder Wasser noch eine Toilette. Das Wasser kam aus einer Pumpe, die draußen stand und von sechs Familien genutzt wurde. Gebadet wurde nur selten. Unser Ofen in der Küche hatte einen eingebauten Behälter, ein »Schiff«, in dem man eine kleine Menge Wasser erwärmen konnte. Das wurde in einen Zinkbottich geschüttet, und damit wusch sich die ganze Familie, einer nach dem anderen. Draußen, zwischen den Baracken, stand ein widerwärtiges Plumpsklo, das von sehr vielen Menschen genutzt wurde.

Um diese Wohnung, etwas Essen und Kleider zu bekommen, mussten sowohl die Erwachsenen als auch die Kinder hart arbeiten. Um die Baracken herum lagerten zentnerweise Backsteine, gestapelt auf riesigen Haufen. Die Steine stammten von Häusern, die im Krieg zerstört worden waren. Wir haben den Mörtel von den Backsteinen geklopft, damit sie wieder glatt wurden. Sie sollten für neue Häuser verwendet werden.

Heute kann man es in der Geschichte der Stadt Lahr nachlesen: Auf dem Platz standen insgesamt 17 Baracken, in denen fast 400 Menschen hausten. Dazu gab es einige Abbruchhäuser und Notquartiere, die weitere 300 Menschen beherbergten.

Später, zu Beginn der sechziger Jahre, mussten die Baracken wegen »Ungeziefergefahr« abgebrannt werden. Stattdessen baute man menschenwürdigere Sozialwohnungen auf den Platz. Bis heute leben die Schwachen unserer Gesellschaft dort.

Damals waren in einer Holzbaracke jeweils vier Familien untergebracht, Wand an Wand. Ich beobachtete die harmonische Welt der Familie von nebenan ganz genau und spürte eine große Sehnsucht nach Frieden. Die Mutter war attraktiv und unerhört selbstbewusst. Mit meinen sechs Jahren verliebte ich mich in eine der beiden Töchter. Der Mann lachte viel und war sehr freundlich. Dennoch hatte ich große Angst vor ihm – weil er männlich und eine Vaterfigur war.

In meinen inneren Bildern sehe ich uns Kinder noch mit meiner Mutter abends vor der Baracke auf einer Holztreppe sitzen. Unter Tränen erzählte sie uns von ihren Erlebnissen im Krieg und auf der Flucht. Sie hatte die schrecklichen Erfahrungen nie verkraftet und sehnte sich nach ihrer Heimat und den Eltern. Schon als ganz kleiner Junge versuchte ich, meine Mutter zu trösten. Ich umklammerte sie oft stundenlang, um ihr Halt zu geben. Trat mein Vater dann auf, war ich zunächst froh und stolz auf die Erscheinung des großen, kraftvollen Mannes. Noch hatte ich eine verzweifelte Hoffnung auf seine Liebe und seinen Schutz. Hätte er mir in die Augen geschaut – er hätte meine Sehnsucht leicht erkennen können. Aber er sah mich nicht an, erkannte meine Blicke nicht.

Seine Aufmerksamkeit kreiste nur immerzu drohend um meine Mutter, auf die er krankhaft eifersüchtig war. Jede noch so belanglose Unterhaltung mit einer männlichen Person führte bei uns zu furchtbaren Gewaltszenen. Mir wird sofort heiß, wenn ich daran denke. Ich schwitze und fühle mich hilflos, in die Ecke gedrängt, so wie früher. Meine Hände fangen an zu zittern. Aber ich will mich diesen Erlebnissen stellen, um ihre Macht über mein Leben abzuschwächen.

Todesangst vor dem Vater

Eines Tages in meiner frühen Kindheit schlug mein Vater wie aus dem Nichts auf meine Mutter ein. Sie raffte sich auf und lief davon – mit mir an der Hand. Wir rannten so schnell wir konnten, weg von den Baracken in Richtung Flugplatzgelände. Der tollwütige Mann war uns dicht auf den Fersen, er fluchte und tobte. Seine Worte wüten noch heute in meinem Kopf –ich schlag euch tot, ich bring dich um, du Hure. Ich hatte Todesangst. Rennend packte er meine Mutter im Genick und zerrte sie zu Boden. Wie von Sinnen schlug er auf sie ein, würgte sie. Ich schrie lautstark um Hilfe. Im nächsten Moment versuchte ich, ihn mit netten und bittenden Worten von meiner blutverschmierten Mutter abzulenken. Er stieß mich weg. Mit seinen übermächtigen Armen und Händen drosch er weiter auf sie ein. Dann endlich wurden Nachbarn auf das Drama aufmerksam, zwei seiner Saufkumpanen befreiten meine Mutter aus seinen Fängen. Ich starrte auf meinen Vater. Seine drohende Gestik sagte: Lasst die Finger von meiner Frau, sonst geht es euch genauso. Dann sah ich sein Gesicht. Er lächelte. Er triumphierte. Er war stolz. Seht her, was ich für ein Mann bin.

Die Kumpanen gingen zurück zur Baracke, meine Mutter blieb am Boden liegen. Unsagbar lang kam mir die Zeit vor, als ich über sie gebeugt bei ihr saß und sie streichelte. Mit zitternder Stimme habe ich sie beschworen: Steh bitte wieder auf, ich bin bei dir, ich halte dich, ich stütze dich.

Nachdem Mama sich unter starken Schmerzen erhoben hatte, gingen wir Arm in Arm, beide mit zitternden Beinen, zurück zu unserer Behausung. Davor saß mein Vater in der gewohnten Gesellschaft und gab ein Bier nach dem anderen aus. Kurz nach der Gewalttat spielte er gleich wieder seine liebste Rolle, den großzügigen Gönner. Er kaufte sich Sympathie und Freundschaft. Unsere Familie brauchte das wenige Geld vom Sozialamt für Essen und Trinken. Er gab es für Bierflaschen und Zigaretten aus, die er dann spendabel unter seinen Kumpels verteilte. Meine Mutter und ich schlichen zitternd an der geselligen Runde vorbei und schlossen uns im Zimmer ein. Wir sprachen leise darüber, ob wir die Nacht zu unserem Schutz im Freien verbringen sollten. Verschlossene Türen konnten meinen Vater nicht aufhalten. Im Gegenteil – Grenzen stellten eine Herausforderung für ihn dar, die es zu durchbrechen galt. Eines Tages, wir waren wieder einmal auf der Flucht vor ihm, schlug er mit einer Axt ein Loch in die verschlossene Tür. Das Ungeheuer kroch hindurch. Meine Mutter, meine Schwester und ich sprangen aus dem Fenster und rannten. Im strömenden Regen flüchteten wir aus dem Lager – so weit, bis wir unseren Verfolger abgehängt hatten. Nass bis auf die Knochen überlegten wir verzweifelt, wo wir die Nacht verbringen könnten. Es gab keine Verwandten in der Nähe, bis auf meine Stiefschwester väterlicherseits, Dorit. Sie war schon in jungen Jahren weggezogen: nur raus, nur weg von dem leidvollen Zusammenleben mit diesem Tyrann, der unser gemeinsamer Vater war. Bei ihr gab es keinen Platz, wo wir unterkommen konnten. Wir liefen weiter, ziellos durch den Regen. Schließlich erreichten wir eine Markthalle, östlich vom Flugplatz Lahr, nahe des militärischen Gebiets. Dort krochen wir unter eine Laderampe. Meine Mutter gab mir und meiner Schwester Helga so viel Wärme, dass wir uns sogar an diesem Ort wohlfühlten. Sie hielt uns fest an sich gedrückt. Wir schliefen sicher in ihren Armen ein, sie wachte die ganze Nacht über uns.

Am nächsten Morgen weckte uns der Lärm der Arbeiter, die mit Lastwagen angefahren kamen und die Tore zur Markthalle öffneten. Ich fühlte mich schlecht, meine Glieder waren steif und müde, mein Hals brannte, ich hatte Fieber. Wir mussten hier weg, ohne greifbares Ziel. Von dem Obst, das in der Halle lagerte, klauten wir uns ein paar Äpfel auf die Hand. Die Arbeiter bemerkten uns und den Diebstahl, ließen uns aber ziehen.

Trotz Fieber, Kälte und Hunger wagten wir es nicht, zurück zu den Baracken zu gehen. Wir wollten noch eine weitere Nacht durchhalten, damit sich der Vater auch ganz sicher wieder beruhigt haben würde. Wir liefen nach Lahr, Mama wollte dort ins Pfarrhaus, um nach einer Mahlzeit und einer warmen Decke zu fragen. Sie hatte im Krieg viel Schreckliches gesehen und miterlebt. Sie erzählte uns, dass ihr Glaube an Gott zu dieser Zeit stark erschüttert worden war. Sie war deswegen keine Kirchgängerin und galt als »keine gute Christin«. Das war auch der Grund dafür, dass uns der Pfarrer in Lahr nach wenigen unfreundlichen Worten die Türe vor der Nase zuschlug. Daraufhin liefen wir ziellos durch die Stadt, hungrig und frierend. Nach einigen Stunden klingelten wir bei Bekannten, die wir aus den Baracken kannten. Sie hatten mittlerweile von der Stadt eine Sozialwohnung zugewiesen bekommen, die wir dann bestaunten. Das wäre es gewesen – eine kleine Wohnung, ein neues Leben, raus aus dem Elend. Auch dort konnten wir nicht bleiben. Vom Hunger geplagt, wollte meine Mutter schließlich auf die Felder laufen, um Fallobst aufzusammeln. Unser Irrweg führte uns über den Galgenberg in Richtung Kippenheim. Kurz vor dem Ortseingang standen einige Apfelbäume, unter denen das reife Obst lag. Wir stürzten uns darauf. Nachdem wir einige Früchte verschlungen hatten, beluden wir uns mit so vielen Äpfeln, wie wir tragen konnten. So stolperten wir davon. Dann kam ein Pferdewagen näher. Meine Mutter wollte den Fahrer fragen, ob er uns ein Stück mitnehmen könnte. Noch bevor sie dazu kam, sprang der Bauer vom Wagen herunter und beschimpfte sie: »Du Flüchtlingsschwein, das kannst du machen, wo du herkommst.« Mit zwei, drei Schritten sprang er zum Wagen zurück, ergriff seine Pferdepeitsche – und schlug damit auf meine Mutter ein.»Jetzt werde ich dir Anstand beibringen, du Dieb.« Meine Schwester und ich haben furchtbar laut geschrien. Wir zerrten am Kleid meiner Mutter, weg, nur weg. Endlich nahm sie uns an die Hände, und wir liefen davon, über den Acker in Richtung Hauptstraße. Der Bauer fluchte hinter uns her, bis wir endlich außer Reichweite waren.

Ich fror und hatte Fieber, die Füße schmerzten. Meine Schwester klagte immerfort über Hunger. Wohin konnten wir nur laufen? Wir wussten endgültig nicht mehr weiter: Die Angst vor einer weiteren kalten, hungrigen Nacht in Gefahr siegte schließlich über die Furcht vor dem Vater. Wir mussten wieder zurück nach Hause. Unsere ziellose Flucht fand keinen anderen Ausweg. Trotz ihrer Angst verfügte meine Mutter noch über die Kraft, um uns Kinder zu beruhigen: »Es wird schon alles wieder, anderen Leuten geht es noch schlechter, wir sind gesund, wir haben ja uns«. Mit diesen Worten hat sie uns Kinder immer wieder getröstet und aufgefangen. Nach eineinhalb Stunden kamen wir hungrig und müde in der Höhle des Löwen an. Wir schlichen zum Fenster, meine Mutter sah hinein. Sie hielt die Hand vor den Mund und wirkte sehr besorgt. »Was ist los, Mama? Ist er da? Was macht er?« Sie flüsterte uns zu, dass er am Tisch säße und überall leere Bierflaschen herumstünden. Im ganzen Zimmer herrschte Chaos.

Meine Schwester wurde von ihm grundsätzlich am gnädigsten behandelt. Also nahm sie ihren ganzen Mut zusammen und ging alleine in die Wohnung. Mama und ich blieben draußen am Fenster des beleuchteten Zimmers stehen und beobachteten bange und zittrig, wie der Vater auf sie reagieren würde. Er sprang auf und packte sie am Arm, sodass wir gleich wieder mit dem Schlimmsten rechneten. Erbost schrie er sie an: »Wo sind die anderen zwei?« Meine Schwester konnte ihm vermitteln, dass wir erst wiederkommen würden, wenn er versprechen würde, uns nichts zu tun. Daraufhin winkte sie uns ins Zimmer.

Mein Vater hat sich im Nachhinein nie für seine Grausamkeiten entschuldigt, auch dieses Mal tat er das nicht. Er glaubte, dass er derjenige sei, dem Unrecht angetan würde. Wir sind noch viele Male vor ihm geflüchtet. Immer wieder befanden wir uns in einer ähnlich ausweglosen Situation. Wir konnten seiner Gewalt nicht entkommen.

Eines Tages standen zwei meiner Halbgeschwister vor unserer Tür. Dorit und Klaus, zwei von insgesamt fünf Kindern aus der ersten Ehe meines Vaters, hatten ihn in den Baracken von Dinglingen ausfindig gemacht. Da sie überhaupt nichts besaßen, wohnten sie einige Zeit bei uns. Die zusätzliche Enge war für uns alle, besonders für meinen Vater, unerträglich. Er fühlte sich kontrolliert und konnte ohne seinen »freien« Alkoholgenuss nicht existieren. Klaus war damals etwa 20 Jahre alt, ich war sieben. Nach kurzer Zeit prügelte unser

Vater den Halbbruder aus dem Haus. Zuletzt warf er ihn in eine Dornenhecke vor der Tür. Für mich kleinen Jungen war es leidvoll, das mit anzusehen – aber schon zu dieser frühen Zeit war es nur eine weitere Gewalterfahrung auf meiner langen Liste. Auch seine Tochter Dorit hat er bald darauf vor die Tür gesetzt. Sie hatte in unserem Asozialenviertel schnell einen Mann kennengelernt, heiratete und wurde schwanger. Mit ihren Schwiegereltern zusammen lebte sie in der alten Kaserne, ganz in unserer Nähe. Ich fühlte keine besondere Verbindung zu ihr, aber meine leibliche Schwester Helga ging oft dorthin. Für sie war es ein geschützter Raum, wohin sie flüchten konnte. Bei mir und meiner Mutter war das anders, wir gehörten zusammen, aber beide nicht dorthin. Dorit hat in ihrem Leben fünf Kinder bekommen, die sie alle großgezogen hat. Erst in späten Jahren haben wir uns noch kennen und schätzen gelernt. Als die Kinder aus dem Haus waren, hat sie sich von ihrem Mann getrennt. Ich habe ihr damals beim Umzug geholfen. Leider ist sie zwei Jahre später an Krebs gestorben.

Unsere Mutter – vom Krieg traumatisiert

Mama hatte furchtbare Dinge im Krieg erlebt. Deswegen waren die Baracken für sie schon ein großer Fortschritt. Immer wieder beteuerte sie:»Es geht uns doch gut hier, anderen geht es noch schlechter.«

Sie war auf Usedom in der damaligen DDR aufgewachsen, die Grenze zu Polen teilt die Insel bis heute in zwei Bereiche. Im Zweiten Weltkrieg, als polnische und russische Soldaten über die Grenze rückten, kam es zu schrecklichen Vorfällen. Meine Mutter musste mit ansehen, wie einige betrunkene Polen eine Gruppe von Leuten aus ihrem Dorf in einer Scheune einpferchten. Sie verriegelten das Gebäude – und zündeten es an. Die Leute verbrannten bei lebendigem Leib, ihre Schreie müssen unsagbar schrecklich gewesen sein. Die betrunkenen Soldaten standen davor und jubelten, sie lachten, laut und teuflisch. Als die Verbrecher weg waren, lief meine Mutter mit einigen anderen Einheimischen dorthin. Sie konnten noch einige lebende Leute aus der brennenden Scheune ziehen, die meisten waren schon tot. Die Überlebenden waren schwer verletzt. Meine Mutter versuchte zu helfen, indem sie losrannte, Schmalz besorgte und die Verbrennungen der Überlebenden damit einrieb. In derselben Scheune war zuvor eine ganze Gruppe von Frauen eingeschlossen worden, die alle dort von russischen Soldaten vergewaltigt wurden. Die Mutter selbst wurde zwar verschont, aber sie sah und hörte auch diese Gräueltat.

Die einmarschierten Russen hatten der einheimischen Bevölkerung das Schlachten von Tieren verboten. Der Stadtpfarrer widersetzte sich und schlachtete ein Tier, als der Hunger nicht mehr auszuhalten war. Die Soldaten erwischten ihn dabei. Daraufhin wurde er auf einen Tisch gelegt. Seine Peiniger nagelten ihm Hände und Füße auf dem Tisch fest und massakrierten ihn so lange, bis er qualvoll starb. Auch das sah meine Mutter mit an.

Diese unfassbar grauenhaften Geschichten erzählte sie uns Kindern, als wir in den Baracken wohnten. Nicht, weil sie uns erschrecken wollte, sondern weil es aus ihr herausbrach und sie uns klarmachen wollte, wie viel besser es uns hier erging. Danach verstand ich ihre große Angst und Traurigkeit. Schon als kleiner Junge tröstete ich sie mit all meiner Liebe. Ich hielt sie fest, hörte ihr aufmerksam zu, streichelte sie, gab ihr Beistand. Mein Vater konnte sie nicht stützen, er verschlimmerte nur ihr Elend. Schon früh nahm ich die Rolle ihres Beschützers an. Umgekehrt war die Mutter für mich der einzig wichtige und verlässliche Mensch. So bildeten wir schon früh eine Art Schicksalsgemeinschaft. Immer waren wir zu zweit unterwegs, ich hing im wahrsten Sinn des Wortes an ihrem Rockzipfel. Meine Schwester Helga war auch oft ein Teil unseres Gespanns. Aber sie ging schon früh ihre eigenen Wege und war nicht so sehr auf die Mutter konzentriert wie ich. Sie wurde von meinem Vater kaum gequält oder geschlagen, sodass sie in dieser Beziehung nicht in Not war.

Für die Traumatisierungen meiner Mutter gab es damals keinerlei psychologische oder soziale Hilfen. Die schrecklichen Erlebnisse ließen sie ihr ganzes Leben lang nicht los. Sie fühlte sich ständig verfolgt und hatte große Angst vor weiteren Grausamkeiten. Als eines von neun Kindern hatte sie schon sehr früh beim Bauern arbeiten gehen müssen. Weil sie dort auch wohnte, hatte sie später als junge Frau kaum noch Bindung zu ihren Eltern. Sie konnte im Krieg nicht zu ihnen zurück, weil auch dort kein sicherer Ort für sie gewesen wäre. Ihre Geschwister wurden durch die Kriegswirren an ganz verschiedene Orte versprengt, ohne dass sie gewusst hätte, wo sie geblieben waren.

Obwohl sie noch sehr jung war, hatte sie in ihrer Heimat Ahlbeck schon eine kurze Ehe hinter sich. Der Mann stammte aus einer Bauernfamilie. Seine Eltern wollten eine Bäuerin an seiner Seite haben und waren mit meiner Mutter nicht einverstanden. Der Mann kam in Gefangenschaft und fiel schließlich im Krieg. Meine Mutter blieb mit zwei kleinen Kindern zurück – in einem Haus, in dem sie nicht erwünscht war.

Als sie nach den traumatischen Erlebnissen in panischer Angst in den Westen flüchtete, ließ sie die beiden Kinder in Ahlbeck zurück. Den Sohn konnte sie bei den Schwiegereltern unterbringen. Sie waren bereit, sich eine Zeit lang um den Kleinen zu kümmern. Sie waren auch damit einverstanden, dass meine Mutter ihn in den Westen nachholen würde. Ihr selbst wollten sie keinen Unterschlupf mehr gewähren. Die kleine Tochter Anneliese konnte in der Nähe ihres Bruders bei einer Tante unterkommen.

Meine Mutter war bis in ihr tiefstes Inneres verängstigt. Es war unmöglich für sie, länger an diesem Ort der Grausamkeiten zu bleiben. Sie musste weg, auch alleine war sie dazu bereit. Für die beiden Kleinkinder wäre die Flucht aus der DDR zu gefährlich gewesen. Zu unsicher war die Reise, und es gab kein sicheres Ziel, an dem sie enden würde. Die Mutter wollte zuerst einen neuen Platz zum Leben finden und dann die beiden Kinder nachholen. Sie verabschiedete sich unter Schmerzen und flüchtete alleine in den Westen.

Als sie nach ihrer Flucht das nächste Mal nach Usedom fahren konnte, traf sie auf einen Sohn, der in einer anderen Familie lebte und nicht mehr von seinem Großvater weg wollte. Die Beziehung zwischen den Erwachsenen war nachhaltig gestört und machte auch eine Annäherung zwischen Mutter und Sohn schwierig. Sie hielt den Kontakt zu ihm aufrecht, so gut es die Situation erlaubte. Ihre Tochter Anneliese zog mit ihrer »neuen« Familie nach Herscheid. Auch dieses Kind gehörte jetzt in eine andere Familie. Das Mädchen hing an ihren Pflegeeltern, an den Geschwistern und der gewohnten Umgebung. Aus diesem Zuhause konnte man sie nicht einfach wieder herausreißen. Zudem war Anneliese schon bei uns zu Besuch gewesen und hatte Paul, den Säufer kennengelernt. Hier wollte sie nicht bleiben, das entschied sie schon sehr früh selbst. Unsere Mutter ist dann oft zu Anneliese gefahren, um sie zu besuchen.

Meinen Halbbruder mütterlicherseits habe ich nie getroffen. Zwischen Anneliese und mir entwickelte sich jedoch eine herzliche Beziehung – die bis heute anhält.

Schulbeginn

Ich war sieben Jahre alt, wir hausten noch immer in den Baracken, als der erste Schultag bevorstand. Um mir dafür neue Kleider zu kaufen, hatte meine Mutter schon lange Zeit vorher jeden Pfennig umgedreht. Das Geld reichte aber immer noch nicht, und sie borgte sich den restlichen Betrag. Davon kaufte sie mir schließlich einen Matrosenanzug. Ich war sehr froh und fand es ganz wunderbar, etwas Neues zu besitzen. Ich wusste auch, dass meine Mutter einmal in einen Matrosen verliebt gewesen war. Ihre Begeisterung für meinen Anzug machte mich noch glücklicher.

In der Schule musste ich dann erfahren, dass keiner außer mir einen Matrosenanzug trug. Meine Mitschüler erkannten mich darin gleich als Außenseiter. Sie spotteten und lachten mich aus. Erst ging es nur um den »lächerlichen Anzug«, dann entdeckten sie bald, dass ich keine Lederschuhe trug, sondern nur einfache Hausschuhe. Unser Geld hatte nicht ausgereicht. Damit war mein Status in der Klasse besiegelt. Es bildeten sich kleine Gruppen, die gleich etwas gemeinsam hatten: meine Ausgrenzung. Die Hänseleien steigerten sich schnell, wurden boshaft und drohend.

Meine Mutter erkannte die Situation, sie verteidigte mich gegenüber Mitschülern und Eltern. Mit lauter, fester Stimme stand sie dazu, dass wir nicht so viel Geld hatten, um uns alles leisten zu können. Diese mutige Gegenwehr machte mich stolz, und ich fühlte mich gestärkt. Aber ohne ihren Schutz hatte ich große Angst davor, in die Schule zu gehen. Also brachte sie mich morgens hin und holte mich mittags wieder ab. Das hatte zur Folge, dass ich bald auch noch als Schwächling und Muttersöhnchen verlacht wurde.

Nach einiger Zeit konnte mich meine Mutter nicht mehr länger auf dem Schulweg begleiten, da sie arbeiten musste. Kaum trat ich aus dem Haus, verfolgte mich eine Gruppe von Jungen, die denselben Weg hatten. Sie hänselten und beschimpften mich, ich wurde gedemütigt, getreten, bespuckt, immer und immer wieder. Es verging kaum ein Tag, an dem ich auf dem Schulweg keine Fußtritte einstecken musste. Die blauen Flecken fanden sich überall an meinem kleinen Körper. Wieso hatten sie sich mich ausgesucht? Ich konnte es nicht verstehen. Ich habe nie zurückgeschlagen. Ich versuchte, meine Peiniger mit spannenden Geschichten abzulenken. Ich erzählte, dass mein Bruder ein Boxer sei, der auch schon Polizisten krankenhausreif geschlagen hätte. In meiner Fantasie war mein Vater ein starker und mächtiger Seemann, was auch meinen Matrosenanzug in ein besseres Licht stellen sollte. Auch er hätte schon viele Männer verprügelt. Ihre Verletzungen beschrieb ich detailliert und brutal, um meine Verfolger so gut wie möglich zu unterhalten und auf diese Weise von Schlägen und Tritten abzuhalten. An guten Tagen gelang es mir.

Oft malte ich mir aus, wie ich meine Peiniger in unsere Gegend locken würde, wo wir Flüchtlinge lebten. Ich fantasierte oft und lange, wie ich den Spieß umdrehen und ihnen Angst einflößen würde. Es blieb bei der Fantasie.

Von den sechs Jungen, die mich täglich malträtierten, hatten eines Tages drei davon keine Lust mehr auf die gewohnten Machtspiele. Der Stärkste von ihnen und zwei weitere Buben machten mir aber weiterhin das Leben schwer. Der kräftige Anführer hieß Arthur. Er war der Spross von hier ansässigen Eltern, die im Ort gut angesehen waren. Später wurde mir klar, dass es in Wahrheit die Eltern gewesen waren, die ihren Sohn gegen mich aufhetzten: Wir Familien aus den Baracken am Rande der Stadt waren »Abschaum« und »der letzte Dreck«. Wohlerzogene, »gute« Kinder durften nicht mit uns spielen. Ich gehörte zum »Gesindel« und gab deswegen ein einfaches Opfer ab. Der stämmige Arthur genoss es sichtbar, mich wieder und wieder zu schlagen und zu demütigen. Er lauerte mir auf und zwang mich in die Knie. Wieder fühlte ich mich machtlos. Ich träumte und fantasierte, wie ich mich eines Tages wehren würde. Trotzdem fand ich nicht ein einziges Mal den Mut, zurückzuschlagen. Ich hatte gelernt, Schmerzen aufzunehmen – weitergeben konnte ich sie nicht.

Eines Tages rannte ich wieder einmal von der Schule nach Hause, um meinen Peinigern zu entkommen. Schnaufend und mit starkem

Herzklopfen kam ich an der Bahnunterführung vorbei. Hier musste ich auf dem schnellsten Weg im Gebüsch verschwinden, um mich zu erleichtern. In letzter Sekunde hockte ich mich schnell hin. Dann riss ich meine kurze Hose wieder hoch, um weiterzuhetzen. Plötzlich starrte ich wie versteinert auf meine Hinterlassenschaft. Ich sah, dass sich etwas in dem großen Haufen bewegte. Das fesselte mich derart, dass ich sogar meine Verfolger für einen Moment vergaß. Ich holte einen Stock, stocherte darin herum und sah plötzlich einen langen, glänzenden Bandwurm. Wegen seiner schockierenden Größe hielt ich ihn für eine Schlange. Ich dachte, ich müsse sterben. Wie von Sinnen rannte ich nach Hause, dieses Mal verfolgt von meiner eigenen Todesangst. Meine Mutter beruhigte mich und ging mit mir zu einem Arzt am Schutterlindenberg. Er löste das schockierende Problem mit einem einfachen Medikament.

Wenige Tage später war ich wieder in der Praxis. Beim Spielen an den alten Holzbaracken hatte ein Junge von oben ein Brett heruntergeworfen. Einer der rostigen Nägel blieb in meiner Schädeldecke stecken, das Blut rann mir übers Gesicht. So sah ich meinen Retter schnell wieder, mit einem sprichwörtlichen Brett vor dem Kopf. Die Baracken steckten voller Gefahren, wir Kinder waren uns meist selbst überlassen. Aber es war ein guter Trost, dass ich wegen der Kopfwunde einige Zeit nicht zur Schule musste.

Im Unterricht war ich oft hintendran und verstand nicht viel von dem, was der Lehrer erklärte. Zu sehr beschäftigte mich die Angst vor dem Nachhauseweg. Meine Gedanken drehten sich ständig um Fluchtwege oder um spannende Geschichten, mit denen ich meine Verfolger von der Gewalt ablenken könnte.

Während des gesamten ersten Schuljahres in Dinglingen ließen meine Verfolger nicht von mir ab. Als meine Mutter mir eines Tages erzählte, dass wir zu Oma und Opa in die DDR umziehen würden, erweckte das große Hoffnungen in mir. Die Träume und Fantasien von einer erfolgreichen Flucht erfüllten mich überall und immerzu. Würden wir dort vielleicht ein neues, friedliches Leben führen können?

Flucht zurück in die DDR

Es war eine schnelle Entscheidung, die meine Mutter traf. Raus aus dem Elend der Baracken, weg von den Saufkumpanen meines Vaters. Das Ziel unserer Hoffnungen lag in der damaligen DDR: die Stadt Ahlbeck auf der Insel Usedom. Hier lebten die Eltern und zwei Schwestern meiner Mutter. Der damals schon bekannte Badeort mit seiner Seebrücke verhieß eine schöne, neue Welt. Nachdem meine Mutter es geschafft hatte, den Vater zu überzeugen, ging alles ganz schnell. Sie sparte Geld, rechnete alles durch, plante und organisierte – und schon ging es los. Das war im Jahr 1958, ich war acht Jahre alt. Wir packten unser gesamtes Hab und Gut auf einen Leiterwagen. Meine Schwester und ich setzten uns obendrauf, die Eltern zogen den Wagen abwechselnd. So ging es bis zum Bahnhof nach Lahr, was unendlich lange zu dauern schien. Wir Kinder hatten keinerlei Orientierung. Dort angekommen, lief meine Mutter zum Schalter und löste die Fahrkarten für uns. Es stellte sich heraus, dass unser Geld nicht für die ganze Strecke reichte. Wir konnten nicht in Lahr zusteigen, sondern mussten weiter laufen – bis nach Baden-Baden. Die Strecke von über 70 Kilometern bewältigten wir zu Fuß mit dem Leiterwagen.

Der lange Weg zehrte an unseren Kräften. Müde und hungrig kamen wir am Bahnhof in Baden-Baden an. Dort erwartete mich ein unvergesslicher Anblick: eine riesige Dampflokomotive. Diese gigantisch große, rauchende und schnaubende Maschine sollte uns in ein neues Leben führen. Meine Gefühle gingen wild durcheinander: unbändige Freude, Spannung, Aufbruchstimmung, Hoffnung und eine große Angst vor dem, was kommen würde.

Die Zugfahrt von der einen zur anderen Seite Deutschlands dauerte lange. Ich war abwechselnd völlig aufgedreht oder fiel vor Erschöpfung in einen tiefen Schlaf. Die Mutter weckte uns kurz vor Eisenach. Den Leiterwagen hatten wir in Baden-Baden stehen lassen müssen, jetzt schleppten wir unser Gepäck mühsam vorwärts. Wir irrten durch Eisenach, und meine Mutter fragte immer wieder nach dem Weg zum Rathaus. Dort angekommen, mussten wir die Einreiseunterlagen beantragen, um in der DDR leben zu dürfen. Der Beamte händigte uns Dokumente aus, mit denen wir in ein Durchgangslager eingewiesen wurden. Man versprach uns, dass der Aufenthalt nicht länger als zwei bis drei Wochen dauern würde, bis wir in unseren Wunschort Ahlbeck weiterreisen durften. Es stand ein weiterer langer Fußmarsch bis zum Flüchtlingslager an, dieses Mal ohne Leiterwagen. Wieder auf der Straße, fragte meine Mutter den Kutscher eines Pferdewagens nach dem Weg Richtung Wartburg ins »Zentrallager der Flüchtlinge«. Wir hatten Glück: Der Kutscher bat uns hoch auf seinen Wagen und nahm uns ein Stück mit. Das Flüchtlingslager befand sich in einem riesigen Saal, der mit vielen Menschen, Familien und deren Habseligkeiten gefüllt war. Mittendrin richteten wir unsere notdürftigen Schlafplätze ein und fielen bald in einen tiefen Schlaf. In der Nacht weckten uns seltsame, ungewohnte Geräusche und die Stimmen der fremden Menschen, die um uns herum hausten. Es war unheimlich.

Morgens wurden wir geweckt: Vor uns stand eine Gruppe von Leuten, die weiße Kutten und rote Hüte trugen. Mutter erklärte uns, dass sie vom Roten Kreuz seien und uns helfen würden. Später bekamen wir aus einer Kleidersammlung gut erhaltene Hosen, Hemden und Schuhe. Dann mussten wir in ein Büro, wo unsere Personalien überprüft wurden. Um die erhoffte Einreisegenehmigung in die DDR zu erhalten, wurden meine Eltern immer wieder auf unterschiedliche Weise nach ihren Motiven gefragt. Warum wollten wir hierher? Warum jetzt, warum in die DDR? Mein Vater machte einen ratlosen Eindruck, während meine Mutter an der Sehnsucht nach ihrer Heimat keinen Zweifel ließ.

Mittags bildeten wir Flüchtlinge eine lange Schlange vor der Gulaschkanone. Aber das Warten fiel uns leicht – wichtig war, dass es überhaupt etwas zu essen gab. Merkwürdigerweise schien mein Vater in dieser Zeit ein anderer Mensch zu sein. Er verhielt sich freundlich, sowohl uns als auch anderen Leuten gegenüber. Er war geduldig, hilfsbereit, zufrieden. Seine Rolle hatte sich ins Gegenteil gewendet: Er war nicht mehr der Störenfried, sondern trat als unser Beschützer auf. Das muss an der neuen Situation gelegen haben und natürlich daran, dass er hier keinen Alkohol bekommen konnte. Aus dieser Zeit habe ich ein Bild meines Vaters vor Augen, das Frieden ausstrahlt. Nach dem Mittagessen lief er mit mir und meiner Schwester in Richtung Eisenach. Wir fanden einen Badesee, an dem wir eine gute Zeit miteinander verbrachten. Ich freute mich von Herzen darüber, dass der Vater etwas mit uns Kindern unternahm. Das hatten wir bisher nicht erlebt, ich spürte einen Familienzusammenhalt. Auf dem Rückweg sahen wir ein atemberaubend schönes Auto, das aus einer anderen Welt zu kommen schien. Der BMW hielt an und der Fahrer fragte uns, ob wir ein Stück mitfahren wollten. Es war die erste Autofahrt meines Lebens, und ich schwebte im Glück. Wie im Rausch flogen wir über die Landstraße. Mich überkam eine hoffnungsvolle Aufbruchsstimmung. Ich freute mich so sehr auf ein neues Zuhause, das Meer, meine Großeltern. Für uns würde ein besseres Leben beginnen. Kaum waren wir wieder im Flüchtlingslager, kamen meine Ängste zurück. Das Auf und Ab meiner Gefühle riss mich einfach mit. Ich erfuhr am eigenen Leib, wie nah Freude und Angst beieinanderliegen können. Heute noch läuft mir ein kalter Schauer den Rücken herunter, wenn ich an diese zutiefst gespaltenen Gefühle denke. Auch meine Mutter wurde zeitweise von schweren Zweifeln und Sorgen geplagt: Was würde uns erwarten nach der langen Abwesenheit? Wie würden wir empfangen werden? Wo würden wir unterkommen? Dann war es soweit: Wir erhielten die Einreisegenehmigung. Ein neuer Wohnort wurde uns zugeteilt. Die kleine Stadt hieß Bansin, ein Nachbarort von Ahlbeck und Heringsdorf, wo meine Großeltern wohnten. Vom Roten Kreuz bekamen wir die Fahrkarten ausgehändigt. Die Zugfahrt erschien uns endlos lange, so groß war unsere Vorfreude. Immer wieder stiegen wir in einen anderen Zug, dauernd gab es Ausweiskontrollen und bange Wartezeiten, in denen wir fürchteten, dass man uns doch noch aufhalten würde. Aber wir waren dem unbekannten Ziel schon sehr nahe, unsere Stimmung war gut, teilweise sogar ausgelassen.

Als wir endlich am Bahnhof in Bansin ankamen, fing es gerade an zu dämmern. Unsicher und auf wackligen Beinen stiegen wir aus. Wir liefen bis zur Ortsverwaltung nach Ahlbeck. Auch dort wurden meine Eltern wieder mit Fragen bedrängt: Warum wollten wir aus Westdeutschland zurück in den Osten?

Es war ein offenes Geheimnis, dass die flüchtigen Menschen dort den »goldenen Westen« zum Ziel hatten. Der Beamte suchte deshalb nach verborgenen Motiven, die es aber nicht gab. So beteuerte meine Mutter wieder und wieder ihren lang gehegten Wunsch, in die Heimat zurückzukehren. Der Beamte gab sich schließlich zufrieden und begann mit eintöniger Stimme, Gesetze vorzulesen. Er leierte die Regeln herunter, die wir in der DDR zu beachten hatten. Wir waren so müde, dass wir kaum etwas davon aufnehmen konnten. Mein Vater wurde darauf hingewiesen, dass er sich für einen Arbeitsplatz vorstellen müsse. Diesen würde er von einem Genossen aus der Verwaltung zugeteilt bekommen. Dann erhielten wir noch einen ganzen Stapel an Formularen mit, die wir »zu Hause« auszufüllen hatten.

Zu Hause? Wo sollte das nur sein? Der Beamte brach mit uns auf, und wir liefen gemeinsam zu unserer neuen, fremden Heimat. Es war ein kleines Häuschen in der Schulstraße in Bansin. Die neue Bleibe war uns zugeteilt worden.

Der Beamte schloss die Haustüre auf. Für ihn war der Auftrag damit erledigt, er gab meinem Vater die Schlüssel und wollte wieder gehen. Mit offenen Mündern betraten wir die Wohnung. Das Merkwürdigste war, dass das Haus noch bewohnt zu sein schien: Wir blickten auf Möbel, Geschirr und Bilder an der Wand. In den Schränken lagen noch Kleider. Auch persönliche Gegenstände waren dabei. Es sah so aus, als würden die Bewohner jeden Moment wiederkommen. Auf die drängenden Fragen meiner Mutter erklärte uns der Beamte endlich die Lage: Die Familie war in den Westen geflohen und hatte ihr gesamtes Hab und Gut zurückgelassen.

Mit dieser Auskunft eilte der Bedienstete davon. Trotz der großen Neugier auf unsere neue Bleibe siegte unsere schwere Müdigkeit. Die Betten wurden gerichtet, und schon bald schliefen wir alle tief und fest. Erst am nächsten Morgen wurden das Haus und seine Gegenstände erkundet. Auf der Suche nach Wasser entdeckten wir hinter dem Haus eine Handpumpe und eine kleine Holzhütte mit einem Plumpsklo. Dann war meine Mutter nicht mehr aufzuhalten: Wir wurden angezogen, der Besuch bei meinen Großeltern stand bevor. Das war um so aufregender, weil die Verwandten gar nichts von unserer Ankunft wussten. Ein Telefon gab es nicht.

Das Misstrauen der Großeltern

Wir machten uns auf den kurzen Weg, einige Straßen weiter, wo Oma und Opa wohnten. Sie lebten etwa einen Kilometer von uns entfernt. Da ich die große Sehnsucht meiner Mutter kannte und teilte, hatte ich mir in meinen vielen Tagträumen eine große Wiedersehensfreude vorgestellt. Meine Schwester und ich kannten die Großeltern nicht und blickten in fremde, misstrauische Augen. Wir wurden nicht in die Arme geschlossen. Keine liebevolle Geste, kein beruhigender Blick wurde uns geschenkt. Ich hatte mir so sehr Herzlichkeit und Freude gewünscht. Die Begegnung zwischen den Erwachsenen war ebenfalls sehr verhalten. Wir Kinder waren verunsichert. Wir sagten kaum etwas und wurden auch nichts gefragt. Schutz suchend drängten wir uns an die Mutter. Ich fühlte mich unwohl, mir war ganz mulmig zumute.

So wenig Oma und Opa von uns Kindern wissen wollten, so sehr löcherten sie meine Eltern. Sie fragten sie aus, warum wir hierher gekommen seien. Ähnlich wie bei den Gesprächen mit den Beamten wollte keiner verstehen, warum wir aus dem Westen ausgerechnet in die DDR geflüchtet waren. Auch meine Großeltern vermuteten wohl dunkle, verborgene Hintergründe, die sie durch scharfe Fragen herauszufinden versuchten. Erst viel später habe ich verstanden, dass sie wohl befürchteten, von uns bespitzelt zu werden.

Nach vielen bohrenden Fragen und argwöhnischen Blicken bekamen wir endlich etwas zu essen. Man konnte unsere Mägen schon knurren hören. Später kam die Schwester meiner Mutter mit ihren beiden Kindern dazu. Auch das lockerte die Stimmung keinesfalls, die Anspannung blieb. Auffällig war, dass mein Opa die Kinder meiner Tante herzlich begrüßte. Das machte die Ablehnung uns gegenüber noch deutlicher. Meine Schwester und ich waren hier offensichtlich nicht willkommen. Dennoch folgte ich den fremden Kindern auf den Balkon. Sie flüsterten, wahrscheinlich ging es um uns. Ich achtete nicht weiter darauf und versuchte, an ihrem Spiel teilzuhaben. Ich wollte unbedingt dabei sein und tat einfach so, als ob wir zusammen spielen würden. Meine Schwester beobachtete das skeptisch aus einiger Entfernung.

Plötzlich fing der Kleinere von den beiden aus unerfindlichen Gründen fürchterlich laut an zu schreien. »Was hast du?«, fragte ich ihn. Im nächsten Augenblick stand der Opa neben uns. Er packte mich hart am Oberarm: »Was hast du gemacht, du Rotzlümmel? Wenn du nicht mitspielen kannst, dann geh dorthin, wo du hergekommen bist«. Verzweifelt beteuerte ich, dass ich ihm nichts getan hätte und auch nichts weggenommen hätte. Wieder fuhr er mich an: »Sei still, du lügst!« Dann hob er mich über das Balkongeländer und tat so, als würde er mich herunterfallen lassen. Meine Beine baumelten in der Luft. Ich hatte solche Angst, dass ich mir in die Hose machte.

Unsere Mutter kam dazu und entriss mich seinen Armen: »Was machst du, Unmensch, der Junge hat dir doch nichts getan! Wenn wir euch im Weg sind, dann sag es mir«. Mein Opa stürzte zurück ins Wohnzimmer und schimpfte vor sich hin, dass »die doch wieder in den Westen abhauen sollen, wo sie hergekommen sind«. Jetzt übernahm die Wut meines Vaters die Regie. Seine gewaltige, zornige Stimme brachte den Großvater schnell zum Schweigen. Er wurde ganz bleich und verkroch sich ins Schlafzimmer. In diesem Moment war ich froh über den aggressiven Auftritt des Vaters. Dieses Mal war seine Raserei nicht gegen uns gerichtet, sondern er verteidigte uns und spielte die Rolle des Beschützers. Die Oma redete auf meine Mutter ein, dass wir besser gehen sollten, bevor ein Unheil passiere. Wir liefen schweigend und betroffen nach Hause.

Neue Schule, altes Leid

Gleich am nächsten Tag liefen wir mit meiner Mutter zu der Schule in Ahlbeck, in die meine Schwester und ich gehen sollten. Der Weg war nicht weit. Wir liefen durch eine kleine Parkanlage, in der es viele Bäume und einige wilde Ecken gab. Als wir bei der Schule ankamen, war gerade »große Pause«. Uns bot sich ein befremdliches Bild: Die Kinder marschierten in Zweierreihen im Kreis herum. In der Mitte standen die Lehrer und aßen ihr Pausenbrot. Es sah aus wie in einem Kasernenhof.

Wir liefen zusammen zum Rektor der Schule. Zuerst ging es in das neue Klassenzimmer meiner Schwester, wo sie kurz vorgestellt wurde. Dann wurde ich meiner zukünftigen Schulklasse gezeigt. Ich fühlte mich unwohl und ängstlich, mir war flau zumute, meine Hände wurden kalt und nass. Aber solange meine Mutter bei mir stand, fühlte ich mich sicher und behütet.

Das war an einem Freitag; wir sollten uns am darauffolgenden Montag um 7.30 Uhr in unseren Klassenzimmern einfinden. Meine Schwester musste mit ihren acht Jahren in die dritte Klasse; ich war sieben Jahre alt und kam in die zweite Klasse. Im Westen hatte ich noch die erste Klasse besucht. Ob wir es schaffen würden, mit den anderen Kindern mitzuhalten? Wir waren beide besorgt.

Am selben Vormittag war mein Vater bei der Ortsverwaltung gewesen, um nach Arbeit zu fragen. Wir trafen uns alle in unserem neuen Zuhause am Mittagstisch und erzählten von den Erlebnissen. Der Vater sollte auch am Montag anfangen, als Hilfsarbeiter in einer Mülldeponie. Die Stimmung war gedrückt, »aber was soll man machen, aller Anfang ist schwer«.

Am Nachmittag liefen wir zwei Kinder los, um die neue Gegend auszukundschaften. Wir liefen am Strand die Dünen auf und ab. Ein frischer Wind blies uns um die Nase, es fühlte sich frei an. Wir stießen auf interessante Dinge, die das Meer angespült hatte. Es gab viel zu entdecken und die Gegend war sehr schön, das stimmte uns beide froh. Auf unseren neuen Wegen am Strand trafen wir eine alte Dame, die neben uns wohnte und eine große Scheune besaß. Sie erklärte uns, dass sie leere Flaschen sammeln würde. Für jede Flasche, die wir ihr brächten, würden wir fünf Ost-Pfennig bekommen. Das war in unseren Augen ein großartiges Angebot. In den nächsten Wochen nutzten wir jede freie Minute, um die Gegend nach leeren Flaschen abzusuchen. Dabei wagten wir uns immer weiter weg in unbekannte Gefilde.

Plötzlich standen wir einer Gruppe von Kindern gegenüber. Sie waren zwischen acht und zwölf Jahre alt. Die Kinder schubsten uns hin und her, fragten uns aus, woher wir kämen und was wir hier wollten. Natürlich hatten sie gehört, wie sich ihre Eltern die Frage stellten: Warum, um alles in der Welt, flüchtet jemand aus dem Westen in die DDR?

Es dauerte nicht lange, da mussten wir die ersten Schläge einstecken, umkreist von der lauernden Meute. Sie traten auf mich ein, auch meine Schwester musste Tritte einstecken. Die Beschimpfungen habe ich heute noch im Ohr: »Drecksgesindel aus dem Westen, verschwindet von hier oder wir machen euch fertig«. Unter Schmerzen und mit blutigen Wunden liefen wir nach Hause. Unsere Mutter war außer sich: warum dieser Hass? Meine Mutter kam doch aus diesem Ort, sie war hier geboren. Wir waren auch Deutsche. Nicht nur meine Mutter, auch wir Kinder verstanden die Welt nicht mehr. Sie tröstete uns und versorgte unsere Wunden.

Dann kam ein weiterer Verwundeter nach Hause: der Vater. Einige Arbeitskollegen hatten ihn überreden wollen, der Sozialistischen Einheitspartei Deutschlands (SED) beizutreten. Dagegen hatte er sich aggressiv und mit deutlichen Worten gewehrt, wobei die Situation schnell eskaliert sein muss. Hätten sie ihn mit Alkohol gelockt, er wäre dabei gewesen. Auch meine Mutter hatte sich vor unserer Flucht nicht mit dem dort herrschenden Kommunismus auseinandergesetzt. Sie hatte noch die »heile Welt« vor dem Krieg in Erinnerung.

Ausgegrenzt und misshandelt

Nach der politischen Meinungsäußerung meines Vaters, die sich natürlich schnell herumsprach, war die Jagd auf unsere Familie offiziell eröffnet. Wieder befand ich mich in der gleichen verzweifelten Lage: Andere Eltern machten uns vor ihren Kindern schlecht, sie sollten sich von uns fernhalten. Wieder waren wir schlechter Umgang. Erneut musste ich Prügel von anderen Kindern einstecken. Eine Gruppe von Kindern lauerte mir und meiner Schwester in einem kleinen Park auf, wenn wir von der Schule nach Hause liefen. Sie wussten genau: Es gab keinen anderen Weg, auf den wir ausweichen konnten. Sie kamen aus dem Gebüsch oder sprangen von den Bäumen herunter. Es verging kein Tag, an dem wir nicht überfallen und verprügelt wurden. Es war verrückt – wieso wiederholte sich diese Grausamkeit in meinem Leben, an einem ganz anderen Ort?

Irgendwann versiegten meine Tränen, und ich weinte nicht mehr. Prügel und Schmerzen ließ ich über mich ergehen. Ich war nach außen hin verstummt und abgestumpft. In mir drinnen schrie meine Seele und wand sich vor Schmerzen.

Dass es politische Gründe für unsere Ausgrenzung gab, war uns Kindern unbekannt. Wir hätten es wohl auch nicht verstanden. Ich erklärte mir die Anfeindungen damit, dass die anderen Kinder uns nicht leiden könnten, weil wir aus der Fremde kamen und hier nicht dazugehörten. Die Wirklichkeit sah so aus, dass es nicht wenige Menschen in unserer Umgebung gab, die von Parteileuten gegen uns aufgehetzt worden waren. Es hatte sich schnell herumgesprochen, dass mein Vater nicht in die Partei eintreten wollte. Man verdächtigte ihn, mit westlicher Politik zu sympathisieren und Spionage zu betreiben. Auch wir Kinder wurden in der Schule dazu aufgefordert, uns der FDJ anzuschließen. Das war der sozialistische Jugendverband der herrschenden Staatspartei SED. Unsere Eltern waren dagegen: eine verständliche und mutige Entscheidung, die uns aber noch weiter ins Abseits drängte.

Einige Erwachsene aus dem Dorf fragten mich nach den Gründen für unsere Rückkehr, nachdem meine Mutter einst von dort geflüchtet war:»Freiwillig kommt doch keiner zurück.«Für die Leute war unsere Rückkehr ein Rätsel, das sich nur mit politischen Gründen erklären ließ. Wir standen unter Verdacht: Entweder waren wir selbst Spitzel der DDR oder Spione aus dem Westen. Es schien klar zu sein, dass wir Böses im Sinn hatten und Feinde waren. Heute weiß ich, dass auch meine Großeltern und Tanten uns verleumdeten. Selbst unsere Verwandten hatten sich gegen uns verschworen. Wir hatten keine Chance, gegen die Ausgrenzung im Dorf anzukommen.

Die Versorgung mit Lebensmitteln wurde uns erschwert. Mutter stand morgens auf, um einkaufen zu gehen. Es war üblich, dass man sich früh am Tag in einer langen Schlange anstellte und etwa zwei Stunden wartete, bis man an die Reihe kam. War meine Mutter vorne angekommen, hieß es »alles ausverkauft«. Sie deutete auf das offensichtlich verbliebene Gemüse und Obst in den Körben. Sie bekam zur Antwort, dass alle Lebensmittel schon vorbestellt wären. Wir hatten nur wenig zu essen, die Mahlzeiten fielen karg aus. Dennoch wurde die Mutter immer fülliger. Meine Schwester und ich sorgten uns um sie. War sie durch all den Kummer krank geworden? Erst trauten wir uns nicht, dann fragte meine Schwester nach dem Grund ihrer Veränderung. Sie lächelte und sagte:»Ich bin nicht krank, sondern schwanger. Ihr bekommt noch ein Geschwisterchen«. Was für eine Überraschung – wie sehr haben wir uns gefreut! Mama sagte uns, dass wir die Nachricht erst einmal für uns behalten sollten. Wir Kinder schwebten im Glück und redeten von nichts anderem mehr. Diese Vorfreude hat uns über viele Anfeindungen hinweg geholfen. Es war wie ein Schatz, unser Schatz, den wir sorgsam hüteten.

Auch mein Vater verhielt sich friedlich in dieser Zeit, obwohl es ihm bei der neuen Arbeit auf der Mülldeponie nicht gut erging. Wie er überhaupt an Alkohol kommen konnte, war uns ein Rätsel. Da er jedoch während unserer Zeit in Ahlbeck kaum gewalttätig gegen uns wurde, beunruhigte uns sein allabendlich betrunkener Zustand ausnahmsweise kaum.

Der Steinwurf

Eines Abends lag der Vater wieder einmal früh im Bett, müde von der Arbeit und vom Alkohol. Er schlief schon, und meine Mutter beschloss, dass wir uns jetzt alle hinlegen sollten. Wir Kinder machten uns bettfertig und kuschelten uns in ihre offenen Arme, wie an jedem Abend. Plötzlich gab es einen furchtbar lauten Knall. Wir schreckten alle hoch und saßen mit einem Ruck aufrecht im Bett. Vater zog sich die Hose über und sprang in Richtung Fenster, wo der Schlag hergekommen war. Auf dem Boden lag ein großer Stein, um den ein Papier mit einer Botschaft gebunden war. Jemand hatte den Brocken durchs Schlafzimmerfenster geworfen. Wir hatten den Zettel noch nicht gelesen, da hörten wir die Mutter laut stöhnen. Meine Schwester und ich redeten auf sie ein, umklammerten sie und versuchten den Grund für ihren Schmerz herauszufinden. Dann sahen wir das Blut. Meine Schwester hob die Bettdecke hoch – eine riesige Blutlache hatte sich unter ihr gebildet. Wir Kinder sind so sehr erschrocken, dass wir eine ganze Zeit lang erstarrten und gar nichts mehr sagen oder tun konnten. Der Vater rannte los, um Hilfe zu holen.

Kurze Zeit darauf kam er mit einem Arzt zurück, der nicht weit weg von uns wohnte. Wir Kinder hatten die Mutter festgehalten und beruhigt, so gut wir konnten. Der Arzt schickte uns aus dem Zimmer. Er gab meiner Mutter eine Spritze und Medikamente. Dann verließ er uns mit den Worten, dass er einen Krankenwagen holen würde. Ein furchtbares Warten begann, unsere Körper zitterten. Ich hatte große Angst um meine Mutter und das Baby. Meine Tränen kamen mit aller Gewalt zurück – ich weinte wie von Sinnen. Als der Krankenwagen endlich da war, mussten wir zu Hause bleiben. Der Schockzustand ließ uns in dieser Nacht nicht schlafen. Wir hofften und beteten.

Am nächsten Morgen machten wir uns auf den Weg ins Krankenhaus. Als wir dort ankamen, schickte uns eine Krankenschwester weiter zum behandelnden Arzt. Er wollte mit meinem Vater alleine reden, wir saßen so lange im Wartezimmer. Endlich kam der Vater zu uns zurück, er hatte Tränen in den Augen. Er nahm uns in den Arm und sagte uns leise, dass meine Mutter es schaffen würde. Aber unser Geschwisterchen habe das Unglück leider nicht überlebt.

Der Schreck saß uns derartig in den Gliedern, dass wir noch lange Zeit im Wartezimmer verharrten. Wir waren erstarrt und verstummt. Keiner bewegte sich oder sagte etwas, keiner weinte. Wir starrten uns gegenseitig in die Augen. Plötzlich begannen wir alle drei zu weinen. Es wäre ein Junge geworden, ein Brüderchen. Wir fühlten uns überfallen und beraubt. In diesem Moment spürte ich Feindschaft, meine eigene Feindschaft, gegenüber den anderen Menschen in diesem Dorf. Sie hatten mir meinen Bruder genommen. Für mich war das Geschehene ein sehr harter Einschnitt, der größte Schmerz meiner Kindheit.

Unsere Mutter kam drei Tage später wieder aus dem Krankenhaus nach Hause. Sie war kreidebleich und wacklig auf den Beinen. Das grausame Erlebnis hatte sie nachhaltig geschwächt. Sie war still geworden und sprach nur noch wenig. Oft starrte sie ausdruckslos vor sich hin. Obwohl sie sich für uns zusammenriss, sah man ihr deutlich an, dass ihre Seele große Schmerzen erlitt. Sie tat mir furchtbar leid, aber ich konnte ihr nicht helfen. Selbst in dieser Situation nahm sie ihre ganze Kraft zusammen und tröstete uns. Ich weiß noch, wie sie uns in die Arme nahm und sagte: »Schön, dass ich euch habe.«

Vor einigen Jahren habe ich dieses Haus in Ahlbeck nochmals besucht. Es wurde zwar renoviert, aber es ist doch immer noch dasselbe Haus. Auch der Brunnen steht noch davor. Vor dem Fenster, das damals mit einem Stein eingeworfen wurde, habe ich einen großen Stein aufgehoben und ihn mit nach Hause genommen. Er hat einen symbolischen Wert für mich. Heute liegt er in meinem Garten und hat eine Ruhestätte am Brunnen gefunden. Bis heute habe ich diesen Schmerz nicht verarbeitet; er nagt an meiner geschundenen Kinderseele.

Flucht zurück in den »goldenen Westen«

In unserer Familie hatten wir es alle schmerzlich zu spüren bekommen: Unsere alte Heimat, die Bekannten aus dem Dorf, die verwandtschaftlichen Wurzeln – alles war uns abhandengekommen. Die einstige Verbindung war jäh abgebrochen, hier gab es keinen Platz mehr für uns. Ausgrenzung, Bedrohung, Gewalt – wir lebten im Feindesland. Wieder war es meine Mutter, die den Entschluss zur Flucht fasste. Sie spürte die Aussichtslosigkeit und übernahm die Verantwortung für die ganze Familie. Nach diesen zwei Jahren sollten wir wieder weg aus der DDR und zurück nach Westdeutschland. Mama nahm uns ins Gebet und gab mir und meiner Schwester allerlei wichtige Hinweise, wie wir uns verhalten sollten, um unsere Flucht zu verheimlichen. Wenn Nachbarn oder Verwandte unseren Plan herausfänden, würden sie uns anzeigen. Nichts durfte durchsickern. Die mögliche Konsequenz wäre furchtbar gewesen: Die Eltern hätten in ein Gefängnis gehen müssen, wir Kinder wären in ein Heim gekommen.

Abends saßen wir zusammen am Tisch und flüsterten. Wir hatten Angst, dass wir belauscht werden, »die Wände haben Ohren«. Wir sprachen über unsere Flucht und planten, soweit das möglich war. Bei Nacht und Nebel wollten wir uns auf die Reise machen: zuerst etwa zehn Kilometer zu Fuß mit einem Leiterwagen an den Bahnhof eines Nachbarortes, dann weiter mit dem Zug.

Wir Kinder sehnten uns so sehr danach, in einer friedlichen Welt ohne Ausgrenzung und Prügel zu leben. Wir hüteten das Geheimnis. Jeden Tag gingen wir weiter brav und tapfer zur Schule. Die Schläge, die wir auf dem Heimweg einstecken mussten, schmerzten nicht mehr so sehr. Der Gedanke an eine neue Zukunft gab uns Kraft, gestärkt und getragen von der Hoffnung. Oft steckten wir die Köpfe zusammen, flüsterten, malten uns aus, wie es im neuen Zuhause sein würde. Viel zu früh packten wir unsere Sachen, aus lauter Vorfreude.

Mutter sortierte viele Dinge wieder aus. Wir konnten zu Fuß nicht so viel Gewicht tragen, und vor allem mussten wir unauffällig sein. Der Vater überließ die Lebensplanung unserer Mutter. Als sie wieder einmal entdeckte, dass er heimlich zur Flasche griff, geriet sie in Panik. Zu groß war ihre Angst vor der Gewalt im eigenen Haus. Vermutlich konnte er die Zustände nicht mehr ohne Alkohol ertragen und trank sich Mut an. Wollte er im Westen wieder der Alte werden, Paul der Säufer von nebenan? Zunächst verhielt er sich unauffällig und wurde weder aggressiv noch ausfällig.

Dann war es soweit, der Tag der Flucht war gekommen. Wir Kinder sollten tagsüber schlafen, um Kraft zu sammeln. Ich hatte ein mulmiges Gefühl. Meine Hände und Knie zitterten schon Stunden vor dem Aufbruch. Als es losgehen sollte, hat Mama uns zwei Garnituren übereinander angezogen, damit wir vor der Kälte geschützt waren: zwei Hosen, zwei Hemden, zwei Jacken. Auch der Vater war dick angezogen; er war allerdings so betrunken, dass er ohnehin nicht gefroren hätte. Draußen war es dunkel und so neblig, dass man kaum das Nachbarhaus erkennen konnte. Das gab uns etwas Sicherheit. Für den nächtlichen Marsch zum Bahnhof brauchten wir etwa vier Stunden. Dort angekommen, warteten wir noch einige Stunden auf den Zug nach Berlin. Während der Wartezeit versteckten wir uns hinter dem Bahnhof, sodass uns niemand sehen konnte. Erst als unser Zug eingefahren war, liefen wir in letzter Minute auf das Gleis und sprangen in die Bahn. Den Leiterwagen hatten wir stehen gelassen.

Es gab einen weiteren Risikofaktor auf unserer Flucht: der Vater. Er war offensichtlich stark betrunken. Die Gefahr bestand, dass er sich auffällig verhalten würde. Im Zug suchten wir auf Mutters Anordnung ein leeres Abteil. Als der Vater kurz auf die Zugtoilette ging, nahm uns meine Mutter ganz nah zu sich heran. Sie beschwor uns, wie wir uns verhalten sollten, wenn die Volkspolizei den Zug durchstreifen würde. Wenn wir auffielen, sollten wir sagen, dass mein Vater ein fremder Mann sei und uns belästigen würde. Er sei schon handgreiflich geworden. Das sollte bewirken, dass sich die Polizisten mit ihm beschäftigten, sodass wir drei flüchten könnten.

Glücklicherweise kamen wir Kinder nicht in die Lage, unseren Vater verleumden zu müssen. Der Zug hatte Verspätung, und die Volkspolizisten marschierten mit schnellem Schritt durch die Abteilungen. Sie schauten links und rechts, blickten uns kurz ins Gesicht – und liefen weiter. Es schien so, als wären wir noch einmal davongekommen.

Während der Zugfahrt wurde kaum ein Wort gesprochen. Wir waren wohl alle mit derselben Frage beschäftigt: Was würde auf uns zukommen, im »goldenen« Westen? Nach der bitteren Erfahrung unserer letzten Flucht in die andere Richtung waren wir skeptisch. So fröhlich und hoffnungsfroh wie bei unserem letzten Neuanfang war unsere Stimmung nicht.

Der Zug fuhr in den Hauptbahnhof von West-Berlin ein. Wieder musste sich meine Mutter um alles Weitere kümmern. Der Vater war nicht in der Lage dazu, einen klaren Gedanken zu fassen. Was war jetzt zu tun, wo konnten wir bleiben? Mama ging mit uns zur Bahnhofsmission. Dort trafen wir herzensgute Menschen, die uns den Weg zu einem Flüchtlingslager wiesen.

Vom Auffanglager ins Durchgangslager

Das Auffanglager befand sich in Berlin-Schönefeld, in hohen Wohnblöcken – so große Häuser hatte ich vorher noch nie gesehen. Hier waren sehr viele Flüchtlinge untergebracht, die wie wir auf eine Einreisegenehmigung in andere Bundesländer warteten. Ich habe nicht mehr viele Erinnerungen an die folgenden fünf Wochen. Es passierte nicht viel, die meiste Zeit verbrachten wir wartend in unserem Zimmer oder in der unmittelbaren Nähe. Es war vorgeschrieben, dass wir im Umfeld des Lagers bleiben mussten; in die Innenstadt von Berlin durften wir nicht. Warum, waren wir nicht gut genug für die schicke Stadt? Ein weiteres Mal fühlten wir uns elend, außerhalb der Gesellschaft, als Menschen dritter Klasse.

Dann war es soweit, wie erhielten die Einreisegenehmigung und Fahrkarten. Die Überraschung war groß: Es waren Flugtickets! Unsere Gefühle fuhren gleich Achterbahn. Meine Schwester und ich waren völlig überdreht und machten uns gegenseitig ganz verrückt. Der Vater tat lässig, hatte aber selbst die Hosen voll. Wieder packten wir unsere Habseligkeiten zusammen und warteten, dass man uns abholen würde. Jetzt war sie wieder da, die Aufbruchsstimmung. Die Last der schweren Zeit im Osten, alles schien vergessen. Ich würde einfach wegfliegen – und fühlte mich leicht wie ein Vogel. Alle Möglichkeiten würden uns offenstehen.

Ein Bus brachte uns zum Flughafen Tempelhof. Für mich als kleinen Jungen war der Flughafen ein gigantisches und einmaliges Erlebnis. Mit großen Augen und offenem Mund muss ich an der Hand meiner Mutter durch die riesigen Hallen gewandelt sein. Vor einer Wand aus Glas blieben wir stehen und sahen die Flugzeuge auf den Rollbahnen stehen. Ohne zu sprechen beobachteten wir, wie eine Maschine startete. Mein kleines Herz klopfte bis zum Hals, es kribbelte überall, meine Gefühle gingen wild durcheinander. Ich verspürte eine starke Lebendigkeit und große Hoffnung. Gleichzeitig fühlten sich meine

Knie ganz weich an, Beine wie aus Gummi, der Bauch krampfte sich immer wieder heftig zusammen: Würden wir wieder heil aus der Höllenmaschine herauskommen? Wo würden wir ankommen? Wie würde unser neues Zuhause aussehen? Ob vielleicht doch alles noch schlimmer kommen würde?

Weiter ging es durch die Hallen, in Richtung unseres Flugzeugs. Nochmals wurden Ausweise und Flugtickets kontrolliert, dann stiegen wir auf wackligen Beinen die Treppen hinauf. In der Maschine gab es rechts und links Sitzreihen, wo wir Platz nahmen. Durch das kleine, runde Fenster in unserer Sitzreihe konnten wir einen Flügel mit zwei Propellern sehen.

Die Maschine startete, ich klammerte mich an meiner Mutter fest. Wir hatten alle mit starker Übelkeit zu kämpfen. Es war tatsächlich so, dass wir uns während des Fluges allesamt mehrfach übergeben mussten. Entsprechend erleichtert und geschwächt stiegen wir in Frankfurt wieder aus dem Flugzeug. Alle waren wir froh, wieder festen Boden unter den Füßen zu haben. Die Reise ging weiter mit dem Zug: nach Baden-Württemberg, in eine kleine Stadt namens Freistett, bei Baden-Baden.

Die Art von Unterkunft war uns vertraut. Es war ein Durchgangslager, eine große Halle, wo außer uns noch viele andere Flüchtlinge untergebracht waren. Für uns hieß es nun, zwei Wochen durchzuhalten, bis wir eine neue Bleibe zugewiesen bekommen würden. Welches Bundesland würde es sein, welche Stadt? Wir wussten nichts. Für mich als Kind waren die Lageraufenthalte an sich nicht dramatisch. Ich war noch klein und war mit genau diesen Umständen vertraut. Ich kannte nichts anderes, es war normal für mich. Wie es anderen Kindern auf dieser Welt erging, wusste ich nicht, ich hatte keinen Vergleich. In den Flüchtlingslagern fühlte ich mich zwar angespannt, manchmal war es auch unheimlich – aber unglücklich war ich nicht.

Meine Mutter erschrak sichtbar, als sie unser neues Ziel verkündeten. Zu nahe lag es bei unserem letzten westlichen Zuhause, den Baracken. Die Reise führte uns zunächst in ein weiteres Durchgangslager nach Ettenheim bei Lahr. Das Lager befand sich wieder in einem großen Saal, der mit Menschen und ihren Bettenlagern vollgestopft war. Dieses Mal herrschte allerdings ein strenges Regiment mit militärischem Ton. Gleich nach der Ankunft wurden wir vom Lagerverwalter in die gültigen Regeln und Gesetze eingewiesen.

In dem kleinen Städtchen Ettenheim gab es für uns Kinder vieles zu entdecken, gleichzeitig war die Größe überschaubar. Meine Schwester und ich freundeten uns mit anderen Kindern aus dem Lager an, und wir stromerten zusammen durch die Gassen, um die Gegend zu erkunden. Trotz der Gruppe von Kindern, die mich hier umgab, überkam mich immer wieder urplötzlich eine furchtbare Angst, wieder überfallen zu werden. Da merkte ich, dass die grausamen Erfahrungen ihre Spuren auf meiner Seele hinterlassen hatten. Auch ein anderes Bild tauchte immer wieder vor meinen Augen auf, ohne dass ich etwas dagegen tun konnte: wie meine Mutter in ihrem Blut lag und dabei ihr Kind verlor. Noch heute höre ich ihre lauten Schreie und spüre meine verzweifelte Hilflosigkeit, als wäre es gestern gewesen. Aber die Mutter schaffte es, äußerlich stark zu bleiben und nicht der Trauer zu verfallen. Das hat sie für uns Kinder getan. Erst viel später habe ich begriffen, wie sehr sie gelitten haben muss. Die leisen Anzeichen ihrer Trauer waren für uns Kinder kaum sichtbar. Heute überkommt mich Wut, wenn ich daran denke, dass es damals keine Hilfe für ihre traumatisierte Seele gab. Das lag zum einen an der Zeit und zum anderen an unserem schlechten Stand in der damaligen Gesellschaft.

Während der Zeit im Ettenheimer Flüchtlingslager geschah plötzlich etwas Unheimliches: Wir Kinder magerten in kurzer Zeit stark ab. Die Lebensmittel waren nach wie vor überall knapp, aber der plötzliche Gewichtsverlust war dennoch unerklärlich. Ob es ein Virus war? Da wir keinerlei Fettreserven hatten, nahm unsere Unterernährung bald lebensbedrohliche Ausmaße an. Wir waren nur noch Haut und Knochen. Unsere Mutter fütterte, versorgte und pflegte uns mit all ihrer Liebe und Fürsorge. »Wenn ich euch verliere, werde ich das nicht überleben«. Nach und nach päppelte sie meine Schwester und mich wieder auf, wir hatten Glück – und Mutterliebe.

Mein erstes Zuhause

Uns wurde eine neue Wohnungsadresse zugeteilt: die Johann-Sebastian-Bach-Straße in Lahr, nicht weit vom Lager entfernt. Gleich am nächsten Tag fuhren wir dorthin, um uns die Gegend und das Haus von außen anzusehen. Als wir schließlich vor einem schönen, gepflegten Mehrfamilienhaus ankamen, fragte ich meine Mutter: »Dürfen wir hier wohnen? Das kann ich nicht glauben«. Wir umkreisten das Haus, um es von allen Seiten zu begutachten und um die Wahrhaftigkeit zu untermauern. Dabei entdeckten wir eine Frau mit ihrer Tochter, die wir aus den früheren Holzbaracken im nahe gelegenen Dinglingen kannten. Meine Mutter freute sich sehr über das Wiedersehen mit den freundlichen Nachbarn, die uns gleich zu Kaffee und Kuchen einluden. Wie so oft waren wir hungrig und genossen den schönen Empfang um so mehr. Nur mein Vater machte einen griesgrämigen Eindruck. Er schien meiner Mutter die Wiedersehensfreude nicht zu gönnen und hätte wohl lieber einen von seinen alten Saufkumpanen getroffen. In diesem Moment nahmen wir seine schlechte Laune aber kaum wahr, unsere Freude über das neue Zuhause war zu groß.

Es dauerte noch drei Tage, dann wurden wir vom Lager in die Wohnung gebracht: Wir durften einziehen! Beim Betreten des Hauses verspürte ich wieder einmal diese stark gegensätzlichen Gefühle. Auf der einen Seite erwachte in mir eine große Hoffnung auf die Zukunft, und ich war glücklich, wieder eine eigene Bleibe zu haben. Andererseits hatte ich Angst, was an diesem Ort an Gefahren und neuem Leid auf uns zukommen würde. Ich erschrak über die Leere in der Wohnung. Es standen keine Möbel darin. Wovon sollten wir uns einen Tisch oder gar ein Bett kaufen? Aber auch dieser Zustand der Leere ging vorüber, sogar schneller als erwartet. Vermutlich vom Lagerverwalter in Ettenheim organisiert, wurden uns verschiedene alte Möbel gebracht. Sie waren aus dem Krankenhaus in Lahr aussortiert worden. Die Sachen waren aus Metall und sichtbar angeschlagen und verbeult. Das war nicht schön – viel wichtiger aber war, dass wir überhaupt etwas hatten.

Aus heutiger Sicht war die Zweizimmerwohnung sehr klein. Für uns war es damals größer und schöner als alles, was wir je zuvor gehabt hatten. Wir schliefen alle zusammen in einem Zimmer. Dann gab es noch ein kleines Wohnzimmer, eine winzige Küche und ein Bad. Wir schrieben das Jahr 1960 und es war unsere erste Bleibe, in der es fließend Wasser gab. Wir besaßen jetzt ein Waschbecken und eine Toilette. Ich sah zum ersten Mal eine Badewanne. Leider konnten wir sie nicht benutzen, obwohl wir das in den eisigen Wintermonaten furchtbar gern getan hätten. Aber das Gaswerk hatte den Gasbrenner abgeschaltet, und auch das Sozialamt ließ sich nicht erweichen, uns warmes Wasser zu schenken. In der Küche gab es einen Holzofen, der seitlich einen kleinen Wasserbehälter aufwies. In diesem sogenannten »Schiff« heizten wir nach und nach Wasser auf und füllten es dann in die Badewanne. Das dauerte sehr lange, und es kam auch nicht viel Badewasser zusammen – aber immerhin.

Das waren die Tage vor Heiligabend, ich war neun Jahre alt. Ohne es auszusprechen, wussten wir alle, dass es in unserer Familie keine Weihnachtsgeschenke geben würde. Unsere Erleichterung und Dankbarkeit für die »geschenkte« Wohnung war aber so groß, dass wir damit einen guten Trost hatten. Das größte und schönste Geschenk war die Freiheit. Wir waren wieder im Westen und standen nicht mehr unter ständiger Bedrohung und Beobachtung. Wir durften in einer Wohnung leben, nicht in einer Flüchtlingsbaracke. Ein eigenes Schlafzimmer – weit weg von den großen Hallen, vollgestopft mit Hunderten anderer Heimatloser, einer neben dem anderen liegend, wie in einer Viehherde. Zur Ruhe kommen, das tat unsagbar gut. Selbst der Vater ließ uns in Frieden zu dieser Zeit.

In den Tagen vor Weihnachten lief meine Mutter von einer Firma zur nächsten, um nach Arbeit zu fragen. Sie wurde überall abgewiesen und auf das neue Jahr vertröstet. Sie klagte nicht vor uns, aber die Enttäuschung war ihr anzusehen. Trotzdem hatte sie mir zwei kleine Spielzeugautos mitgebracht. Ich erinnere mich heute noch gut, wie groß meine Freude darüber war. Ich verbrachte Stunden voller Kindheitsglück. Draußen vor dem Küchenfenster spielte ich versunken mit den winzigen Plastikfahrzeugen. Eine große Dankbarkeit überkam mich: Ich durfte einfach nur spielen, ohne die Attacken von anderen Kindern oder von meinem Vater fürchten zu müssen. In diesen selbstvergessenen Stunden dachte ich nicht an ihn, unseren Peiniger, der sonst mein Lebensgefühl so dominierte.

Es war nicht zu übersehen: Der Vater trank wieder deutlich mehr Alkohol. Was unsere Mutter befürchtet hatte, war schnell bittere Wahrheit geworden. Er traf sich wieder mit seinen alten Saufkumpanen, mit denen er vor unserer Flucht in den Osten schon jeden Pfennig versoffen hatte. Bei ihnen hatte er etwas zu sagen, hier wurde er respektiert und teilweise sogar bewundert. Er verschwand morgens und ließ sich den ganzen Tag nicht mehr zu Hause blicken. Gewalttätig war er noch nicht wieder geworden, seitdem wir wieder im Westen waren. Aber wir wussten ja, wie grausam die Situation plötzlich eskalieren konnte.

Auch am Tag des Heiligen Abends waren wir zwei Kinder mit der Mutter alleine in der Wohnung. Aus den Fenstern sahen wir die brennenden Kerzen der Christbäume um uns herum. Von überall waren Weihnachtslieder zu hören. Es fühlte sich sehr einsam an. Ich wünschte mir von Herzen, auch so ein Leben wie die anderen führen zu dürfen. Weit mehr als der Verzicht auf ein Fest oder auf ein materielles Geschenk schmerzte mich das Anderssein. Ich betete und fragte den Herrgott, warum ich kein normales Leben haben durfte.

Unsere Mutter bemühte sich, es uns trotzdem gemütlich zu machen. Sie hatte den ganzen Tag den Holzofen geheizt, damit wir es schön warm hatten. Dann kuschelte sie sich mit uns ins Bett und las Geschichten vor. Wenn die fröhlich aufgeregten Stimmen der Nachbarn zu nahe kamen, las sie etwas lauter. Sie wollte, dass wir den Heiligen Abend verschlafen, damit wir nicht traurig sein mussten. Sie sagte mit leiser und sanfter Stimme, dass wir im nächsten Jahr bestimmt auch Weihnachten feiern würden.

Den Vater hatten wir an Heiligabend gar nicht gesehen. Unser Bedürfnis nach einem Beschützer und nach Familienzusammenhalt

war sehr groß. Allerdings waren wir ihm gegenüber auch gleichgültig geworden und hatten resigniert. Vor allem aber war seine Figur
immerzu von Angst überschattet. Würde er wieder betrunken nach
Hause kommen und uns demütigen und schlagen? Meine Mutter
fürchtete, dass sich die Nachbarn durch das dabei entstehende
Geschrei gestört fühlen würden. Sie hätten das Wohnungsamt ver-
ständigen können, und wir hätten unsere Wohnung wieder verloren.
Das Glück, der Besitz, die Heimat, alles fühlte sich bedroht an.

Es passierte nichts in diesen Tagen vor Neujahr, dennoch war unser
Leben von Angst und Bedrückung bestimmt.

Bruchstücke über einen fremden Vater

Der Vater war nur selten da, er sprach kaum mit uns. Er war immer ein Fremder für mich gewesen und blieb es auch. Weder mir noch meiner Schwester hat er jemals etwas über seine Familie oder von seiner Kindheit erzählt. Von seiner gesamten Lebensgeschichte wussten wir kaum etwas. Auch er musste in jungen Jahren schwer von Krieg und Flucht traumatisiert worden sein. Ich verstand irgendwann, dass er seine Kindheitserfahrungen und Probleme nur in betäubtem Zustand ertragen konnte. Ich ahnte, dass er in sehr heruntergekommenen und gewalttätigen Verhältnissen groß geworden sein musste. Seine Eltern hatte ich nie kennengelernt. Ich erfuhr später, dass seine Mutter eine Alkoholikerin gewesen war. Aus Andeutungen reimte ich mir zusammen, dass seine Eltern nicht arbeiteten, die Kinder sollten Geld für Alkohol und Zigaretten mit nach Hause bringen. Mein Vater verließ das Elternhaus früh und reiste erst einmal ziellos umher. In sehr jungen Jahren heiratete er eine Frau aus Hamburg. Ich bin sicher, er hatte den großen Wunsch, alles anders zu machen. So schnell wie möglich wollte auch er eine eigene Familie haben, um endlich das zu finden, was er als Kind nie gehabt hatte: Liebe und Anerkennung. Sein Vertrauen in die Welt und sein Selbstwertgefühl müssen jämmerlich gewesen sein.

Wir wussten, dass aus der ersten Ehe meines Vaters fünf Kinder entstanden waren. Anfangs lebten sie wohl alle zusammen, wuchsen dann aber während der Nachkriegsjahre weit verstreut auf. Die Trennung durch äußere Umstände muss auch die innere Trennung nach sich gezogen haben. Mein Vater und seine erste Frau trennten sich noch in der DDR; er kam nach Schleswig-Holstein und sie verschlug es mit den Kindern nach Hamburg. Die Kinder gingen früh aus dem Haus, die ganze Familie löste sich einfach auf. Und wieder sollte es das Schicksal meines Vaters sein, dass seine Frau eine Alkoholikerin war: erst die Mutter, dann die Frau.

Die Zeiten waren anders als heute; meine Eltern konnten keine Beratung oder gar psychosomatische Hilfe in Anspruch nehmen. Das gab es damals nicht, die »Verrückten« wurden gleich ins »Irrenhaus« oder in die »Klapsmühle« eingewiesen. Sich selbst helfen konnte der Vater nicht, dazu war er zu schwach und die Probleme wogen zu schwer. Das ist für mich bis heute eine Erklärung für die Ausweglosigkeit seiner, unserer Situation.

Er hat immer daran geglaubt, dass nicht er selbst, sondern das Schicksal sein Leben in der Hand hat. Daran war nicht zu rütteln. Einen eigenen, selbstbestimmten Weg gab es für ihn nicht. Wir Kinder und die Mutter waren seinem »Schicksal« mit ausgeliefert.

In der letzten Reihe

Weihnachten und Silvester gingen an uns vorüber. Danach sollte für meine Schwester und mich ein neuer Lebensabschnitt anfangen: Wir wurden in der Luisenschule in Lahr angemeldet. Nach nicht einmal drei Schuljahren war es für mich die dritte neue Schule. Mit voller Wucht stiegen die grausamen Erinnerungen in mir hoch, vor allem an die Schulwege. Die erlebten Verfolgungen und Quälereien durch Mitschüler versetzten mich unmittelbar in Panik.

Meine Mutter wusste von meinen Ängsten; sie sprach mir Kraft und Mut zu. Auf dem ersten Weg zur Schule nahm sie uns bei der Hand und stellte sich beschützend vor uns. Wir wurden den Lehrern vorgestellt, die aus heutiger Sicht alle sehr alt aussahen. Ich hatte sehr großen Respekt vor ihnen und war auch immer ein unauffälliger, braver Schüler. Unser Klassenlehrer war ein großer, schlanker, grauer Mann. Auf mich machte er einen recht netten Eindruck. Ich sollte in den verbleibenden zwei Monaten bis März 1961 die dritte Klasse besuchen und dann zum neuen Schuljahr die dritte Klasse »wiederholen«. So sollte ich den Anschluss nicht verlieren und den Lehrstoff besser mitbekommen.

Ich erinnere mich noch lebhaft, wie schlecht ich in der Nacht vor dem ersten Schultag geschlafen habe. Ich lag zitternd im Bett und war völlig verängstigt. Was würde mich dieses Mal erwarten? Die Mutter begleitete uns nochmals zur Schule, damit wir den Weg besser kennenlernten. Nicht weit von unserer Wohnung war eine Haltestelle, von der ein Schulbus abfuhr. Aber dafür hatten wir kein Geld, sodass wir zu Fuß gehen mussten. Es schien kein Entkommen zu geben.

In meiner Klasse gab es Jungen und Mädchen von ganz unterschiedlicher Herkunft: Kinder von Ärzten, Beamten, Bauern und Arbeitern, auch einige Flüchtlinge und Waisenkinder waren dabei. Der Anteil von sozial schwach gestellten Kindern lag bei geschätzten zwanzig Prozent. Die meisten kamen aus dem Mittelstand, dazu noch einige

Kinder reicher Eltern. Der Klassenlehrer stellte mich der Klasse kurz vor und wies mir einen Platz in der letzten Reihe zu, ganz außen rechts. Später erkannte ich, dass die ersten und letzten Plätze dem jeweiligen sozialen Stand zugeordnet waren, das war wohl zu dieser Zeit noch so üblich.

Von Anfang an wurde ich wieder den Asozialen zugeordnet. War das mein Schicksal, das ich ertragen musste, wie mein Vater es sein Leben lang getan hatte? Was mich am meisten schmerzte – es waren weder Schläge noch Armut. Es war die Minderwertigkeit, das Anderssein.

In der großen Pause gab es die Möglichkeit, Milch oder Kakao in Flaschen zu kaufen. Die Kinder, die sich das nicht leisten konnten, fielen dabei sofort auf. Meine Mutter erfuhr von dem Lehrer, dass sie vom Sozialamt Gutscheine für die Schulgetränke bekommen könnte. Das ließ uns schließlich an der Milch teilhaben. Aber es hatte sich längst herumgesprochen, dass wir Flüchtlingskinder waren, abhängig vom Sozialamt. Wieder hörten wir Demütigungen. Da war es wieder, das »asoziale Volk« – weitergetragen von Kindermündern.

Auf dem Pausenhof ging es ähnlich militärisch zu wie vorher in der DDR. Die Schüler liefen in Doppelreihen nebeneinander her und wurden dabei von den Lehrern beobachtet, die in der Mitte standen. Dabei hatten sie die sozial schwachen Kinder immer besonders im Blick. Von uns schien alles Übel auszugehen.

An meinen Hausaufgaben scheiterte ich kläglich. So sehr ich wollte, ich konnte die Aufgaben nicht lösen. Es gab auch keinen ruhigen Platz, wo ich lernen konnte. Mit anderen Kindern die Hausaufgaben machen – das hätte ich mich nicht getraut. Ich wusste nicht, wer mich in sein Haus gelassen hätte, meine Furcht vor einer Abweisung war zu groß.

Zu Hause war der Vater mein Problem. Anders als in der Zeit vorher, wo wir ihn den ganzen Tag nicht zu Gesicht bekamen, saß er jetzt nur noch zu Hause. Er verprügelte uns ständig, laut und brutal. Er konnte keine Arbeit finden und versuchte wieder, sein Unglück zu ertränken. Wenn er sich durch mich beim Trinken gestört fühlte, setzte er mich einfach vor die Tür.

Es folgte eine Zeit, in der ich mich aus Angst vor Schlägen erst spät abends nach Hause traute, wenn der Vater schon schlief. Ich war zehn

Jahre alt. In der Schule schämte ich mich für ihn und unsere kaputte Familie. Für die unerledigten Hausaufgaben erfand ich Ausreden, um mich beim Lehrer zu entschuldigen. Es gab keinen Freund oder Mitschüler, dem ich mich anvertrauen konnte. Niemand sollte erfahren, wie schrecklich es bei uns zuging. Ich erfand Geschichten aus einer anderen Welt, die ich mir erträumte. Ich versuchte abzuwiegeln und auszuweichen. Leider war unsere Situation zu offensichtlich.

Wie der Vater, so der Sohn

Als ich in eines der kleinen Lebensmittelgeschäfte in unserer Straße ging, bekam ich zu hören: »Du, junger Behrendt, dein Vater hat Schulden bei uns. Richte ihm aus, dass er endlich zahlen soll«. Ich schämte mich in Grund und Boden und verspürte eine große Wut. Er war der Säufer und Nichtsnutz – ich war der Sohn. Die Leute verurteilten mich, als wäre ich dieselbe Person. Ich sah es an ihren mal mitleidigen, mal verächtlichen Blicken. Ich spürte es an ihrem Misstrauen und ihrer Ausgrenzung.

Ich hätte nichts lieber getan, als mich vom Vater zu distanzieren. Aber ich war zu klein, um das zu können. Ich schwor mir selbst viele Male, niemals so zu werden wie er. Ich wollte und will ein Vorbild für meine Kinder sein, sie sollten sich nie für mich schämen müssen.

Auch das folgende Erlebnis hat sich in meiner Seele festgeschrieben. Noch heute fühle ich mich immer wieder in diese Situation zurückversetzt. Ich hatte mit anderen Jungen zusammen draußen gespielt. Der Vater war nicht in der Nähe – meine Welt war soweit in Ordnung. Es fing an zu regnen, immer stärker prasselte es auf uns herunter. Da lud uns einer der Jungen, sein Name war Günter, zu sich nach Hause ein. Er redete von seinen neuen Spielsachen, sodass sich meine Spannung auf die fremde Wohnung und sein Zimmer immer weiter steigerte. Für mich war es die erste Gelegenheit, in eines der »besseren« Elternhäuser zu kommen. Günters Vater war der Chef des Lahrer Finanzamtes, seine Mutter war immer ganz vornehm gekleidet. Die Schwester hieß Helga und der Bruder Hans-Peter; er ging auf eine höhere Schule und wollte Doktor der Chemie werden. Wir waren fünf Jungen und machten uns auf den Weg. Der Mutter sah man den Schrecken an. Sie bat uns, die Schuhe auszuziehen. Als ich mich zu meinen Füßen hinunterbückte, sagte sie zu mir: »Nein, du nicht, dich möchte ich nicht in unserer Wohnung haben.« Ich erstarrte augenblicklich und konnte mich eine ganze Zeit lang nicht mehr von der Stelle rühren. Sie machte mir die Tür vor der Nase zu. Ich stand da und fixierte den Türgriff. In meiner Schockstarre konnte ich mich gar nicht bewegen. Von drinnen hörte ich die Buben spielen und reden. Schließlich trottete ich ganz langsam, Schritt für Schritt, wieder nach Hause.

Wieso war ich in der Welt der anderen nicht erwünscht? Warum verurteilte man mich, wie lautete die Anklage? Ich hatte niemand etwas getan. Heute frage ich mich manchmal, wie meine zarte Kinderseele diese Grausamkeit überhaupt aushalten konnte. Inzwischen kann ich meinem »Schicksal« aber auch etwas Gutes abringen: All die negativen Erfahrungen haben mich letzten Endes stark gemacht, sodass ich den Schmerz in meinem jungen Leben überhaupt ertragen konnte.

Der Gewalt ausgeliefert

Die Schläge des Vaters trafen immer meine Mutter und mich. Zuerst war seine Gewalt meistens gegen sie gerichtet. Ich habe dann verzweifelt versucht, sie vor dem Ungetüm zu beschützen. Bettelnd wollte ich ihn davon abzuhalten, weiter auf sie einzuschlagen. Durch die Nähe zwischen meiner Mutter und mir wurden wir eins in seinen Augen, somit waren wir beide Feinde. Meine Schwester hielt sich meist aus den schrecklichen Szenen heraus und bezog damit eine eigene Position, die den Vater nicht provozierte. Sie empfand nach seinen Eskalationen immer wieder Mitleid für ihn. Das spürte er, und es machte ihn weicher und »gnädiger« – ihr gegenüber.

Die übermächtige Wut meines Vaters entstand aus seiner krankhaften Eifersucht. Jeder Kontakt, den die Mutter zur Außenwelt hatte, hatte wüste Beschuldigungen zur Folge. Es genügte, wenn meine Mutter jemanden auf der Straße grüßte oder sich kurz unterhielt, auch wenn es der Verkäufer im Laden oder der Briefträger war. Zu den wenigen Freunden meiner Mutter gehörte die Familie Seifert aus der Nachbarschaft. Auch dort durfte sie nicht hingehen. Tat sie es doch, folgte bei uns zu Hause die nächste Gewaltszene. Mein Vater glaubte, sie hätte eine Affäre mit dem Mann, dabei war Herr Seifert ein treu sorgender Familienvater. Von einem Moment auf den anderen sah der Vater Rot – und sofort gab es nur noch Wut, Hass und Misstrauen. Ohne Vorwarnung kamen furchtbar demütigende Schimpfwörter, die ich mit anhören musste und niemals wiederholen will. Ganz allein steigerte er sich in eine besinnungslose Rage.

Ich war immer an der Seite meiner Mutter und bekam alle Ausbrüche mit. Ich versuchte verzweifelt, dem Schläger zu erklären, dass seine Frau nichts Böses getan hatte und ihm treu war, dass sie nur ihn lieben würde. Das entsprach der Wahrheit. Nur hatte das leider nicht zur Folge, dass er von ihr abließ, sondern dass er gegen uns beide losschlug, weil wir uns gemeinsam gegen ihn verbündet hatten.

Wenn er es nur auf mich abgesehen hatte und ich ihm entkommen konnte, rannte ich weit weg von zu Hause. Dann verbrachte ich viele Stunden im Nirgendwo, weil ich mich nicht mehr nach Hause traute. Als kleiner Junge, der ich war, hauste ich unter Bäumen und Brücken und aß alles, was ich finden konnte. Ich musste lernen, wie man als Einzelkämpfer überlebt.

Der Körper des Vaters war groß; vor allem aber war er breit und sehr kräftig. Der Koloss drosch mit seinen riesigen Händen auf mich ein, überall, wo er mich gerade erwischen konnte. Seine Hände waren Pranken, wie riesige Schaufeln. Von den Schlägen trug ich Wunden und blaue Flecken davon, oft auch im Gesicht. Es war offensichtlich, dass wir geschlagen wurden. Auch das Poltern und die Schreie aus unserer Wohnung waren weithin zu hören. Dennoch hat mich in all den Jahren nie ein Nachbar oder ein Lehrer beiseite genommen und mich gefragt, was bei uns zu Hause eigentlich los ist. Viele Leute wollten einfach gar nichts mit uns Asozialen zu tun haben. Dazu kam, dass die Nachbarn selbst Angst vor der Gewalt meines unzurechnungsfähigen Vaters hatten. Auch in der Schule fielen meine Verletzungen niemand auf. Im Gegenteil, auch zwei Lehrer malträtierten mich. Dabei hatte ich in den meisten Fällen gar nichts Falsches gemacht oder gar etwas angestellt. Wir Flüchtlingskinder waren immer die Ersten, die verdächtigt wurden, was auch immer vorgefallen war. Einmal hat mir dieser Lehrer fast das Ohrläppchen abgerissen und mir fürchterlich gedroht: Er würde mich gewaltig verprügeln, auch wenn er dafür ins Gefängnis gehen müsse.

Später habe ich erfahren, dass dieser Lehrer wegen Gewalttätigkeit einem anderen Schüler gegenüber schon vorbestraft war. Für die anderen Kinder war sein Verhalten eine Bestätigung, dass man mich schlagen darf.

Mord als letzter Ausweg

Ich war zwölf Jahre alt, als ich einen schrecklichen Plan fasste. Bei uns zu Hause war alles noch schlimmer geworden, beinahe täglich spielten sich schreckliche Szenen ab. Mein Vater schlug mich grün und blau. Vor allem aber ließ er seinen gewaltigen Zorn an meiner Mutter aus. Dabei wurde er immer brutaler. Körperlich war ich ihm immer noch derart unterlegen, dass ich nur bitten und betteln konnte. Er nahm mich gar nicht wahr und schlug weiter auf sie ein. Mit einem einzigen Faustschlag räumte er mich aus dem Weg.

Ich liebte meine Mutter und wollte sie retten. Sie hatte mir immer geholfen, ich war es ihr schuldig. Aber ich konnte sie nicht retten, ich war zu schwach.

In meinem unerträglichen Zustand der Hilflosigkeit beschloss ich eines Tages, meinen Vater zu töten. Endlich sollte Frieden in unser Leben einkehren. Unsere ewige, tägliche Angst wollte ich mit einem Schlag für immer besiegen. Ich überlegte mir, dass sie ein Kind wie mich nicht lebenslang ins Gefängnis stecken könnten. Dennoch fürchtete ich mich natürlich vor den Folgen, vor einem Kinderheim hatte ich Angst. Aber ich war bereit, das in Kauf zu nehmen. Ich konnte es nicht mehr länger ertragen, meine Mutter so leiden zu sehen. Ich wollte sie retten, vor diesem grauenhaften Monster, das bei uns hauste und uns in ewige Angst und Abscheu versetzte. Ich, ein Junge von zwölf Jahren, erzählte niemandem von meinem Plan und hütete mein grauenhaftes Geheimnis.

Mit zitternden Händen suchte ich in unserer Wohnung nach Gift und fand einen ätzenden WC-Reiniger gegen Rohrverstopfung. Ein Totenkopf war darauf abgebildet, sodass ich sicher sein konnte, dass dieses Mittel tödlich war. Ich legte mich zu Hause auf die Lauer und passte den Moment ab, als der Vater gerade eingeschlafen war. Dann schlich ich zu den Flaschen, die von ihm übrig geblieben waren. Ich fand eine halb volle Weinflasche auf dem Tisch und goss den

WC-Reiniger hinein, damit er sich mit dem Wein vermischte. Es sprudelte, zischte und schäumte, was mich sehr erschreckte. Es war offensichtlich, dass dieses Zeug schon bei reinem Hautkontakt zu Verätzungen führen würde.

Die Angst vor dem Scheitern kam über mich: Würde die tosende Flasche explodieren? Würde mein Plan auffliegen und der Vater mich totschlagen? Aber – der Schaum legte sich nach einer Weile, und der Wein sah wieder ganz normal aus. Es war nachmittags, ich verließ eilig das Haus. Ich wollte nichts davon mitbekommen, was weiter passieren würde. Die folgenden Stunden waren wie ein böser Traum: Jetzt trinkt er davon, jetzt brennt das Gift in seinem Körper, jetzt fällt er um, jetzt ringt er nach Luft ... Ich saß da, alleine, irgendwo, einfach nur da, rührte mich kaum und gab mich seinen Qualen hin. Erst abends, viele Stunden später, wagte ich mich zurück zu unserem Haus. Ich lief ans Küchenfenster, um nachzusehen, was passiert war. Lag der Vater tot auf dem Küchenboden? War die Polizei schon da?

Die Minuten verstrichen wie Stunden, nichts passierte. Da sah ich plötzlich, wie er in die Küche gelaufen kam: der Vater. Lebendig und betrunken wie eh und je. Wie war das möglich? Unbemerkt ging ich zurück in die Wohnung, um nach der Weinflasche zu sehen. Sie war leer. Ich konnte es lange Zeit gar nicht begreifen: Er hatte das tödlich giftige Zeug ausgetrunken und das Gift nicht einmal bemerkt! Sein Körper muss zu diesem Zeitpunkt innerlich schon völlig verätzt und vergiftet gewesen sein. Wenn er keinen Alkohol mehr hatte, trank er Rasierwasser oder Benzin – was kein Mensch lange überleben kann.

Ich hatte versucht, meinen Vater umzubringen. Es ist mir heute noch ein Rätsel, wie ein Kind so weit gehen kann, um so einen mörderischen Plan zu fassen und durchzuführen. Ich habe lange Zeit niemandem davon erzählt. Wie kann ein zwölfjähriger Junge mit solch einem schrecklichen Geheimnis leben? Nicht einmal mein bester Freund Günter wusste von meiner Verzweiflungstat. Erst viele Jahre später habe ich es meiner Mutter erzählt. Sie war erschüttert und froh, dass mein damaliger Anschlag gescheitert war. Aber sie verlor kein Wort darüber, dass mein Vater sein Leben gelassen hätte. Wichtig erschien ihr nur, dass sie mich dann verloren hätte und meine Zukunft schwierig geworden wäre.

Im selben Jahr, ich glaube es war an einem Vatertag, ging der Vater mit einem Saufkumpan zusammen auf Tour. Die beiden waren mit dem Fahrrad unterwegs, um in ein anderes Dorf zu kommen. Ich wusste, dass an diesem Tag ein besonders heftiges Trinkgelage stattfinden würde. Meine kindliche Hoffnung war, dass der Vater dieses Mal endgültig seiner Sucht verfallen würde und nicht mehr nach Hause zurückkehren würde. Mit dieser Fantasie ging ich mit den beiden Säufern mit. Ich sah ihnen stundenlang wortlos dabei zu, wie sie immer weiter die Kontrolle über sich verloren und immer ausfälliger wurden. Dabei wuchs meine Abscheu. Meine Gedanken waren: »Trink, trink noch mehr, vielleicht passiert ein Unglück, und wir sind dich los«.

Tatsächlich schlingerte mein Vater auf dem Heimweg so stark auf dem Fahrrad hin und her, dass er plötzlich vom Weg abkam und einen Abhang hinunterraste. Er überschlug sich und blieb regungslos unten liegen. Ich blieb einen Augenblick lang stehen, um zu sehen, ob er sich auch wirklich nicht mehr bewegte. Nein, es regte sich nichts mehr. Wie toll raste ich nach Hause, glücklich, befreit, naiv. Strahlend berichtete ich meiner Mutter die Neuigkeiten: »Er kommt nicht wieder.«

Spät nachts hat er sich wieder aufgerappelt. Ohne ein Wort kam er zur Haustür rein, setzte sich auf seinen angestammten Platz und trank weiter.

Besuch aus einer heilen Welt

Eines Tages kam ein Brief. Das Schreiben war an uns alle gerichtet und stammte von meiner Halbschwester Anneliese, die in Herscheid im Sauerland wohnte. Sie ist eine Tochter aus der ersten Ehe meiner Mutter und sechzehn Jahre älter als ich. In dem Brief fragte sie, ob sie für eine Woche zu Besuch kommen könne, mit ihrem Mann Alfred und den beiden Töchtern Cornelia und Eveline. Ein Telefon hatten wir nicht, also schrieb meine Mutter einen Brief mit unserer Zusage zurück.

Meine Freude war riesig, ich mochte Anneliese sehr. Sie war die einzige Verwandte, zu der ich eine Verbindung hatte. Sie hatte mich gern. Ich hatte sie nur wenige Male getroffen, trotzdem fühlte ich mich ihr sehr nahe und vertraute mich ihr an. Wie stolz war ich auf diese große Schwester! Sogar mein Vater war von ihr eingenommen und zeigte etwas Respekt vor ihr. Sie hatte keine Angst vor ihm und sprach ihm gegenüber sogar deutliche Worte aus. Er hielt seine Aggressionen zurück – und wir verbrachten eine friedliche, ja sogar fröhliche Woche mit Anneliese und ihrer Familie. Auch mit den beiden Töchtern verstand ich mich gut, wir konnten schön zusammen spielen.

So unbeschwert, angstfrei und heiter war es bei uns zu Hause vorher noch nie zugegangen. Als der Abreisetag näher rückte, war das für mich wie ein Untergang der heilen Welt. Wir begleiteten die Familie zum Bahnhof. Unaufhörlich liefen mir die Tränen das Gesicht hinunter, sprechen konnte ich gar nicht mehr. Wie gerne hätte ich dieses Familienglück und den Frieden festgehalten. Wie verzweifelt war ich, dass es mir wieder entrann. Meine große Schwester hatte Mitleid mit mir und versuchte, mich zu trösten. Aus der Situation heraus lud sie mich in ihr Zuhause ein – in den nächsten Schulferien durfte ich kommen! Das war ein fantastischer Trost für mich, natürlich war ich sofort Feuer und Flamme. Meine Mutter schaute mich dagegen zweifelnd an. Würde ich schon alleine so weit wegfahren können? Woher sollten wir das Geld für die Fahrkarte nehmen? Ich hatte ein Ziel vor Augen und entwickelte einen großen Ehrgeiz, um Geld für das Ticket zusammenzubekommen. Viele Möglichkeiten gab es nicht. Ich kam schnell auf das Sammeln von leeren Flaschen zurück, wie ich es mit meiner Schwester in der DDR kennengelernt hatte. Allerdings lag das Leergut nicht wie heute auf der Straße herum; man musste mit viel Ausdauer danach suchen. Es waren dennoch viele Flaschen, die ich im Lauf der kommenden Wochen zusammensammelte. Ich brachte sie zu Kaufhäusern wie Spar oder Konsum und hütete jeden Pfennig. Weil auf den Straßen nicht genug zu finden war, schlich ich des Öfteren zum Flaschendepot meines Vaters, das er sich im Keller »eingerichtet« hatte. Auch bei seinem Saufkumpan von nebenan klaute ich leere Flaschen. Der war körperlich schon so zugerichtet, dass er gar nicht mehr in der Lage dazu war, die Flaschen selbst zurückzubringen oder meinen Diebstahl zu bemerken. Für einen Leiterwagen voll Altpapier, mühsam zusammengesammelt, bekam ich auch noch ein paar Pfennige.

Mein Vater erwischte mich eines Tages beim Diebstahl seiner leeren Heiligtümer. Er hat mich aus Leibeskräften verprügelt. Ich versuchte, den Schmerz an mir abprallen zu lassen, was mir dieses Mal ganz gut gelang. Ich fühlte mich verbunden mit meiner großen Schwester und hätte noch viel mehr getan, um wieder an ihrem unbeschwerten Familienleben teilhaben zu dürfen. Während Annelieses Besuchs hatte sich der Vater uns gegenüber zurückgehalten. Mama schöpfte daraufhin wieder einmal Hoffnung, dass nun alles besser werden würde. Das wurde es nicht. Kaum war Anneliese aus der Wohnung, trat uns wieder der alte Tyrann entgegen.

Der einzig begehrenswerte Besitz, den ich verkauften konnte, war ein Paar Turnschuhe. Ich selbst hatte die Schuhe vom Roten Kreuz bekommen. Die angesammelte Münzsammlung führte ich schließlich stolz der Mutter vor. Sie war freudig überrascht und lobte meinen eisernen Willen. Von dem Schuhverkauf durfte sie nichts erfahren. Ich erzählte ihr später, dass mir die Schuhe nach der Turnstunde geklaut worden seien. Das Geheimnis mit dem Flaschenpfand verriet ich ihr. Sie ließ mich gewähren, warnte mich aber, dass ich das Geld sorgsam vor dem Vater verstecken müsse. Er hätte es sofort für volle Flaschen ausgegeben. Nach dem Zählen der Münzen kam ich auf 14 Deutsche Mark – das war damals viel Geld für einen Schüler.

Reisefieber

Ich überredete meine Mutter, mit mir zum Bahnhof zu gehen. Ich wollte, dass wir uns dort nach dem genauen Preis der Fahrkarte erkundigten. Sie begleitete mich und fragte auch nach einer Kinderbetreuung während der Fahrt. Ich war zwölf Jahre alt – und war bisher nur auf der Flucht und mit meiner Familie zusammen im Zug gefahren. Die etwa sechstündige Bahnfahrt kostete damals 27 DM, hin und zurück. Mit unserem Flüchtlingsausweis bekamen wir eine Ermäßigung. Meine Mutter war besorgt, ob ich die Fahrt allein bewältigen würde. Trotz ihrer Befürchtungen sagte ihr gutes Herz schließlich Ja. Sie konnte mir diesen großen Wunsch nicht abschlagen.

Ich brauchte noch 13 DM, die ich durch weitere Hunderte von leeren Flaschen schließlich auch zusammenbekam. Mama sprach alles genau mit Anneliese ab, die mich in Herscheid am Bahnhof abholen sollte. Der Tag rückte näher, meine Gefühle spielten wieder verrückt: unbändige Freude auf die Ferien von zu Hause, Unruhe wegen der weiten Fahrt alleine – und große Angst um meine Mutter. Sie würde in der Zeit mit meinem Vater alleine bleiben müssen, ich würde ihr nicht beistehen können. Es vergingen Wochen, in denen ich an nichts anderes mehr dachte als an meine große Reise. In der Schule hatte ich das Lernen ganz eingestellt, meine Gedanken waren weit in der Ferne.

Die Schulferien begannen, und der große Tag war endlich da. Beim Fahrkartenschalter am Lahrer Bahnhof kauften wir mein Ticket. Der Schalterbeamte hängte mir ein großes Schild um den Hals. Darauf stand »Hans Behrendt« geschrieben, meine Adresse und die von Anneliese. Wir warteten noch einige Zeit auf dem Bahnsteig, dann fuhr eine gigantische Dampflokomotive mit lautem Getöse in den Bahnhof ein. Plötzlich überkam mich Panik. Die Trennung von der wichtigsten Person meines Lebens erschien zu schmerzhaft. Ich wollte sie nicht alleine lassen, fühlte mich verantwortlich und schuldig. Da packte sie mich und eilte mit mir in den Zug hinein zum richtigen Sitzplatz. Rasch stieg sie wieder aus. Ich sah sie draußen auf dem Bahnsteig stehen. Die Tränen konnte ich nicht mehr zurückhalten, wir blickten uns immer noch in die Augen. Wir standen uns auch aus der Distanz heraus noch gegenseitig bei. Sie winkte und die Lok rollte langsam mit mir davon.

Am Bahnhof in Herscheid wartete meine Schwester, um mich abzuholen. Ich fühlte mich gleich wieder sehr wohl bei ihr und ihrer Familie. Unter Heimweh litt ich während der kommenden drei Ferienwochen gar nicht, auch wenn ich oft sorgenvoll an meine Mutter dachte.

Ich durfte viel mit der Familie zusammen unternehmen. Annelieses Mann Alfred ließ mich hinten auf seinem Motorrad mitfahren. Das Leben schien im wahrsten Sinne des Wortes an mir vorbeizurasen. Alles lief so leicht, fast schwerelos vergingen die Tage. Alfred verdiente nebenbei etwas Haushaltsgeld durch das Schlachten von Schweinen, auch dahin nahm er mich mit. Ich erlebte meinen ersten Kinofilm, es war eine Abendvorstellung des Krimis »Stahlnetz« von Edgar Wallace, ein Vorgänger des »Tatorts«. Wie aufregend und lebendig konnte das Leben sein!

Oft habe ich gestaunt – über die vielen unbekannten Anblicke und Eindrücke. Das unbekümmerte Dasein ohne Angst beglückte mich sehr. Ich durfte dazugehören. Diese Familie mochte mich, sie nahmen mich ohne Vorurteile als eigenständige Person wahr. Hier war ich nicht der Sohn von Paul, sondern der Hans.

An einem Samstag kam eine ehemalige Arbeitskollegin von Anneliese zu Besuch, sie hatte Mann und Tochter dabei. Als ich das schöne Mädchen sah, war es plötzlich um mich geschehen. Ich war mit einem Mal sehr aufgeregt, ganz aus dem Häuschen. Ich wusste selbst nicht, wie mir geschah. Aus heiterem Himmel hatte ich mich zum ersten Mal verliebt. Jetzt im Moment fällt mir ihr Name wieder ein, es war die schöne Annette, ein Traum von einem Mädchen! Ich war geradezu überwältigt. Als mich die beiden Töchter von Anneliese fragten, ob ich mit den drei Mädchen etwas zusammen unternehmen wollte, war ich gleich Feuer und Flamme. Aber wie gewonnen, so zerronnen: Der Abend kam, und die Familie verabschiedete sich wieder. Meine Sehnsucht war so stark, dass ich mich beim Abschied sogar zu fragen traute, ob sie nicht am nächsten Wochenende wiederkommen wollten. Nein, sie hatten schon etwas anderes vor. An diese kurze Begegnung musste ich noch lange denken – mein erster Liebeskummer.

Es war, als hätte meine Sehnsucht nach Glücksgefühlen an diesem Ort endlich freie Bahn bekommen. In mir loderte ein Feuer, es war ein Verlangen, wie ich es zuvor noch nie erlebt hatte. Ich konnte mein Herz spüren, die Gefühle waren in meinem Bauch und überall, es fühlte sich schön und traurig zugleich an, ich gab mich allem hin. Über den Liebeskummer vergaß ich sogar, meiner Mutter einen Brief zu schreiben. Die große Schwester erkannte die Situation und nahm mich beiseite. Sie erklärte mir, dass Annette kein Mädchen für mich sei. Sie hätte schon einigen Jungen den Kopf verdreht. Zudem sei sie ganz durchtrieben, weil sie ihre Bewunderer nach der erfolgreichen Eroberung gleich wieder fallen lassen würde.

Das hätte ich natürlich gerne selbst herausgefunden, aber dazu bekam ich leider keine Gelegenheit mehr. Ich glaubte auch nicht ernsthaft daran, dass ich ihr gefallen könnte. Ich fühlte Herzschmerz, war aber wieder ein kleines Stück reifer geworden.

Beim Abschied von Anneliese und ihrer Familie wurde mir mächtig schwer ums Herz. Nie zuvor hatte ich so eine unbeschwerte Zeit erlebt, trotz des Liebeskummers. Niedergeschlagen und wehmütig fuhr ich mit dem Zug wieder zurück nach Lahr. Dort erwartete mich meine Mutter voller Freude – und ich war natürlich auch froh, wieder bei ihr zu sein.

Heute habe ich wieder Kontakt zu meiner »Schwester aus der heilen Welt«. Es dauerte bis 1982, als Anneliese und ich uns wiedersahen und uns überglücklich in den Armen lagen. Von da an standen wir wieder in Verbindung, unregelmäßig aber herzlich. Leider hat sie einige sehr schwere Krankheiten und Operationen hinter sich. Aber trotz ihrer angegriffenen gesundheitlichen Verfassung ist ihre Lebensfreude immer noch groß. Sie hat sich ihren Humor bewahrt, und wir haben immer viel Spaß zusammen, wenn wir uns begegnen.

Sie ist eine der wenigen, die ich in meinen Plan, ein Buch zu schreiben, eingeweiht habe. Sie erteilte mir dafür Ihren »Segen« und ihre seelisch-moralische Unterstützung – die mir heute noch guttut.

Ein Ziel vor Augen

In der Schule und bei den Hausaufgaben tat ich mich sehr schwer. Es klingt merkwürdig – aber mir war viele Jahre lang überhaupt nicht bekannt, wofür ich lernen sollte. Alle Kinder gingen acht Jahre lang in die Schule, also tat ich das auch. Ich wusste zwar, dass man anschließend noch aufs Gymnasium wechseln konnte. Das war für mich aber keine Überlegung wert. Wie viele andere auch war ich damals davon überzeugt, dass ein Gymnasium nur etwas für »bessere« Kinder sei. Eine höhere Schule oder gar ein Studium schieden also von vorneherein aus.

Meine Eltern müssen wohl so ähnlich gedacht haben. Sie haben mich nie nach Hausaufgaben oder Noten gefragt. Ob ich eine 2 oder eine 6 nach Hause brachte; dazu gab es keinen Kommentar. Es war unwichtig. Ich kann mich auch nicht daran erinnern, dass sie jemals mit mir über meine schulische Laufbahn gesprochen hätten. Es schien alles schon festgelegt zu sein. Die Schule war mir völlig gleichgültig, nichts und niemand motivierte mich zum Lernen. Es zog mich hinaus in die ferne, weite Welt. Ich wollte etwas erleben und frei sein. Mein Traumberuf war Matrose. Dieser Wunsch wuchs über Jahre in mir heran. Wenn mich mein betrunkener Vater in unserer kleinen Wohnung wieder einmal in die Enge trieb, fuhr ich auf einem großen Schiff über die Weltmeere davon. Schon früh war mein Bedürfnis nach Freiheit groß – das ist bis heute so geblieben.

Am Ende der siebten Klasse erfuhr ich schließlich, dass ich für den Matrosenberuf gute Schulnoten und einen ebenso guten Abschluss brauchen würde. In einer Zeitschrift las ich einen Artikel über die Ausbildung von Matrosen. Von der dort abgedruckten Adresse in Hamburg ließ ich mir Unterlagen schicken. So sehr mich die erforderlichen Leistungen erschraken – so sehr verlockte mich auch die Möglichkeit zu einer Karriere auf hoher See. Ich wurde vor die Entscheidung gestellt, die Schule zu verlassen oder ein weiteres Jahr zu lernen. Jetzt wusste ich wofür: Ich wollte in der Schule bleiben und meine Noten aufbessern, um als Matrose anheuern zu können. Mit diesem Ziel und meiner neuen Einstellung veränderte sich mein schulisches Verhalten grundlegend. Plötzlich konnte ich lernen und mich selbst motivieren. Ich wollte mit den anderen mithalten, passte im Unterricht auf, hatte mehr Ausdauer und lernte auch manchmal mit anderen Schülern zusammen. Mit einem Mal hatte ich Spaß an der Schule – im letzten Schuljahr.

Ich freundete mich mit einem Jungen aus meiner Klasse an, Günter. Obwohl er aus einem »besseren« Elternhaus stammte und mich seine Mutter nicht in ihre Wohnung gelassen hatte, akzeptierte er meine Herkunft. Günter verurteilte mich nicht wegen unserer familiären Zustände. Ich konnte mich ihm ganz und gar anvertrauen. Erstmals redete ich mit einem »Fremden« über all die schlimmen Erfahrungen, die mir auf der Seele brannten. Bald wurde Günter zu einem der wichtigsten Menschen in meinem Leben. Die Erfahrung, einen ehrlichen Freund zu haben, war ein großes Glück für mich. Günter erzählte mir eines Tages, dass er Elektriker werden wollte und fragte mich, ob wir diesen Beruf nicht gemeinsam lernen könnten. Die Aussicht darauf, weiter mit ihm zusammen durchs Leben zu gehen, verlockte mich sehr. Der Matrosenberuf rückte erst einmal in die Ferne. Dann kam noch eine weitere unerwartete Möglichkeit auf mich zu: Der Onkel meines Kumpels Reinhold hatte sich mit einem Gipsergeschäft selbstständig gemacht. Er bot mir an, in seiner neuen Firma als Lehrling anzufangen. Dort hätte ich Gipser und Stuckateur werden können. Die Anfrage freute mich und schmeichelte mir. Es gab mittlerweile Menschen um mich herum, die mich nicht als Nichtsnutz verurteilten, sondern mir etwas zutrauten. Als einsamer Matrose über die großen Weltmeere zu schippern, schien plötzlich doch nicht mehr so traumhaft zu sein.

Günter stellte sich in einem Lahrer Elektrofachgeschäft vor und fand dort gleich eine feste Lehrstelle. In unserer Straße verabredeten wir Jugendlichen uns an der »Treffmauer«. Dort standen die Gleichaltrigen nach der Schule, wir unterhielten uns oft über Lehrstellen und Berufe. Als ich dort vom Gipsergeschäft erzählte, waren die Reaktionen rundum negativ: ein anstrengender, angeblich uninteressanter Beruf, der »Drecksarbeit« bedeutete. Das wollte ich natürlich auch nicht haben. Letztendlich hielt ich zu meinem Freund Günter – und entschied mich für den Beruf des Elektrikers: »Was der kann, kann ich auch!« Zusammen würden wir uns gegenseitig Halt geben.

Lehrjahre – Selbstwert aus eigener Kraft

Ich beendete die Schule im März 1966 mit einem Hauptschulabschluss. Die Prüfung hatte ich bestanden. Mit meinen Noten konnte ich zwar nicht gerade glänzen, aber ich hatte im letzten Schuljahr noch viel Stoff nachgeholt, sodass mein Zeugnis immerhin mittelmäßig war. Jetzt sollte ein neuer Lebensabschnitt beginnen: einen Beruf lernen, Geld verdienen, arbeiten gehen.

Mein Vater war dagegen, dass ich eine Lehre mache. Nach seinem Willen sollte ich gleich nach der Schule als Hilfsarbeiter auf Baustellen gehen. Das war einst sein »Beruf« gewesen, mittlerweile war er schon seit vielen Jahren arbeitslos. Er saß den ganzen Tag zu Hause und betrank sich, so lange das Geld reichte. Seine Rechnung war einfach: Ich sollte arbeiten gehen, damit er mehr Geld zum Trinken hatte. Meine Mutter ermahnte mich eindringlich, mir gründlich zu überlegen, welchen Beruf ich lernen wollte: »Such dir eine Lehre, die zu dir passt, dann wirst du dir später einmal eine sichere Existenz aufbauen können und es leichter haben als wir.«

Ich konnte keine besonders guten Schulnoten vorweisen und hatte große Zweifel an mir und meiner beruflichen Zukunft. Mein Glück war, dass im Handwerk zu dieser Zeit Hochkonjunktur herrschte: Viele Firmen suchten dringend Nachwuchs. In der Lahrer Innenstadt traf ich zufällig einen Bekannten, der mir von einem Elektrogeschäft im Ort erzählte. Der Besitzer würde gerade einen neuen Lehrling suchen. Ohne zu zögern, schrieb ich eine Bewerbung, nahm mein Zeugnis und lief geradewegs zu dieser Firma. Dort traf ich zunächst die Frau des Chefs, der ich meine Papiere überreichte. Am nächsten Tag sollte ich mich beim Chef vorstellen. Ich nahm meinen ganzen Mut zusammen und stand schließlich mit zitternden Händen und wackligen Knien vor ihm. Er stellte mir einige Fragen und zeigte mir den Betrieb. Zu meiner großen Überraschung ließ er keinen Zweifel daran, dass ich der richtige Mann für ihn sei. Dann ging alles ganz schnell: Zum 1. April 1966 durfte ich anfangen, ich war 16 Jahre alt.

In der Nacht vor meinem ersten Arbeitstag konnte ich vor Aufregung kaum schlafen. Für mich sollte ein neuer Lebensabschnitt beginnen, ich würde lernen, auf eigenen Füßen zu stehen. Am Morgen zog ich meine neue Arbeitsmontur an und sah mit einem Mal wie ein richtiger Geselle aus, schon fast wie ein Mann. Aufrecht und stolz ging ich aus dem Haus.

Ich hatte mich gegen meinen Vater durchgesetzt und meine eigene Entscheidung getroffen. Es galt, einen richtigen und passenden Beruf zu erlernen, eine sichere Basis im Leben zu haben – anders als mein Erzeuger. Mein Ehrgeiz war erwacht. Jetzt konnte ich ihm zeigen, dass ich ein besseres Leben führen konnte als er. Allen Leuten, die mich als asoziales Flüchtlingskind abgestempelt hatten, wollte ich es beweisen: Ich war mehr als ein Sohn und hatte einen eigenen Wert. Dieses Selbstwertgefühl musste ich mir mühsam aufbauen. Ich musste erst einmal lernen, an mich zu glauben.

In der Ausbildung erfuhr ich bald, was das Sprichwort »Lehrjahre sind keine Herrenjahre« bedeutet. Es war nicht immer leicht für mich, die drei Jahre durchzuhalten. Dennoch war es eine gute Zeit: Ich kam langsam, aber sicher vorwärts, die Richtung stimmte. Ich zählte jetzt als Jugendlicher und sah schon recht erwachsen aus. Sie ließen mich schon in jeden Kinofilm, obwohl ich noch lange nicht 21 Jahre alt und damit volljährig war. Ich hatte mir einen Bekannten- und Freundeskreis aufgebaut, wir besuchten Discos und Tanzveranstaltungen. Das versüßte mir den harten Arbeitsalltag als »Stift«, wie die Lehrlinge früher hießen. Wenn ich zu sehr über die Stränge schlug, war meine Mutter gleich zur Stelle und ermahnte mich, meine Arbeit nie zu vernachlässigen und meine Chance zu nutzen.

So vergingen drei Jahre, ich wurde 18 Jahre alt und meine Gesellenprüfung rückte näher. Glücklicherweise hatte ich meinen Freund Günter zur Seite. Mit ihm zusammen habe ich viele Stunden für die Prüfung gelernt. Er konnte mir gut komplizierte Zusammenhänge erklären. Dafür kannte ich mich in praktischen Aufgaben besser aus, da ich einen flotten, modernen Arbeitgeber hatte. Eines Tages kam es dazu, dass Günters Vater, der Chef des Finanzamtes, mich fragte, ob *ich* seinem Sohn vor der Prüfung etwas Nachhilfe geben könnte. Das brauchte er mich natürlich nicht zu fragen, da wir sowieso zusammen lernten. Dennoch habe ich über diese Anfrage still und leise gejubelt – nachdem mich Günters Mutter in früheren Jahren nicht in ihre Wohnung hineingelassen hatte. Aus eigener Kraft verschaffte ich mir selbst einen anderen Wert, vor mir selbst und vor der Gesellschaft. Es war ein zutiefst beglückendes Gefühl. Dazu kam ein sehr netter Lehrer, Herr Ibach, der uns beiden Nachhilfestunden gab, was uns sehr geholfen hat. Wir schafften die Prüfung zum Elektriker schließlich beide, Günter und ich.

Fremde Verwandte

Während der Zeit, als wir für die Prüfung lernten, gönnten Günter und ich uns einen kurzen Ausflug nach Hamburg. Das Geld hatten wir uns zusammengespart. Als ich ihm erzählte, dass ich in Hamburg einen Halbbruder mit einem Lokal und eine Halbschwester mit einer Striptease-Bar hätte, hat er laut gelacht: »Du Spinner«! Er hielt mich natürlich für einen Aufschneider, schon im Vorneherein hatten wir viel Spaß an unserem Abenteuer.

Tatsächlich lebten in Hamburg zwei Kinder aus der ersten Ehe meines Vaters, beide Halbgeschwister von mir. In Altona besuchten wir Paul, er hieß wie unser gemeinsamer Vater, und er hatte eine Kneipe im Keller. Das verhieß nichts Gutes, aber er war freundlich, zeigte uns sein Leben und seine Gegend. Günter und ich durften zwei Nächte in seiner Wohnung schlafen. Es war eine recht nette Begegnung, aber dieser Paul war mein Leben lang ein Fremder für mich gewesen und er blieb es auch. Ich habe ihn danach nie wieder gesehen. Er gab uns die Adresse von seiner Schwester, die meine Halbschwester war. Sie hatte tatsächlich ein Striptease-Lokal, was uns natürlich elektrisierte. Wir beiden Landeier hatten zwar Bammel vor diesem städtischen Milieu, waren aber auch neugierig und abenteuerlustig. Zusammen besaßen wir 50 Deutsche Mark; die Fünfmarkscheine stopften wir in unsere Strümpfe, damit sie uns keiner klauen würde. Kaum waren wir in das Lokal eingetreten und sahen die Damen dort sitzen, schlug unsere Aufregung in Schüchternheit um.

Ich fasste mir ein Herz und sprach die Bedienung hinter der Theke an. Prompt kam die Antwort: »Ja, das bin ich. Warum?« Als ich sagte, dass ich ihr Halbbruder sei, kam sie gleich hinter dem Tresen hervorgeeilt und schloss mich in ihre Arme. Es war ein schönes, herzliches Gefühl und ich freute mich sehr, dass sie mich so freundlich empfing. Allerdings musste sie bald weiterarbeiten. Günter und ich waren derweil umringt von knapp bekleideten Schönheiten. Mein sonst so kühner Freund machte ein sehr verdattertes Gesicht; ich sah wahrscheinlich nicht besser aus.

Leider habe ich auch diese Halbschwester nie wieder getroffen. Aufgrund der großen Entfernung zwischen Südbaden und Hamburg erwies es sich als zu schwierig, eine Beziehung aufzubauen.

Ich war zudem verschlossen, weil diese Kinder von meinem Vater abstammten und ich sie zu sehr mit ihm und meiner Abneigung gegen ihn in Verbindung brachte. Ich glaube heute, dass ich ich mich selbst unbewusst auf Distanz hielt.

Das fünfte Kind aus der ersten Ehe meines Vaters, ein weiterer Halbbruder, hat sich das Leben genommen. Ich habe ihn nie kennengelernt.

Das Ende der Schläge

Der seit Jahren arbeitslose Vater hockte den ganzen Tag in unserem Wohnzimmer und trank. Hatte er keinen Alkohol, drehten sich seine Gedanken nur darum, wie er sich wieder welchen beschaffen konnte. Vor meiner Mutter markierte er nach wie vor den starken Mann. Wenigstens von ihr muss er sich so etwas »Respekt« verschafft haben – so armselig wie er offensichtlich war. Ich konnte seinen Anblick kaum ertragen und hielt mich nur selten zu Hause auf. Tagsüber war ich auf der Arbeit, kehrte kurz zum Mittagessen zurück, ging wieder zur Arbeit und saß abends bei Freunden. Nachts kam ich sehr spät heim, um ihm nicht mehr zu begegnen. Um diese Zeit war er sturzbetrunken, eine tickende Bombe.

Eines Tages, ich war 17 Jahre alt, ging ich nachmittags wie immer von meiner Lehrstelle nach Hause. Als ich die Treppe im Flur hinauflief, hörte ich Schreie. Sie kamen aus unserer Wohnung. Der Vater schrie im Zorn auf meine Mutter ein, sie schrie vor Schmerzen. Als ich in der schrecklichen Szene ankam, sah ich, wie er die geschundene Frau im Schwitzkasten hatte. Er würgte sie mit beiden Händen am Hals.

Da passierte etwas, das für alle Beteiligten völlig unerwartet kam. Ohne zu überlegen, packte ich meinen Vater im Genick und riss ihn zu Boden. Mit beiden Fäusten schlug ich zu, einmal links, einmal rechts. Dann schleppte ich ihn zur Wohnungstür und stieß in die Treppe hinunter, es waren genau fünf Stufen. Unten kauerte er sich zusammen und blieb dort liegen, ein Bild des Elends.

Wie im Rausch lief ich zurück zu meiner Mutter und brachte sie schnell zu der befreundeten Familie Seifert in Sicherheit. Dann verließ ich ihr Haus und setzte mich irgendwo hin, wo mich keiner sehen konnte. Ich weinte wie von Sinnen, die Gefühle brachen aus mir heraus: Trauer, dass es so weit kommen musste. Scham, dass ich meinen eigenen Vater geschlagen hatte.

Ich fühlte keinerlei Triumph, nur Leid. Ich bekam meine Tränen kaum mehr in den Griff, es müssen Stunden gewesen sein. Mich beschäftigte nur ein Gedanke: Um nichts in der Welt wollte ich ein Schläger werden wie er. Die Qualen meiner Mutter waren der einzige Grund für meinen ungezügelten Zorn gewesen. Ich hatte sie beschützen wollen.

An diesem Tag hat sich etwas in unserer Familie verändert. Ans Licht gekommen war, dass ich mich plötzlich gegen meinen Vater zur Wehr setzen konnte. Ich war ihm mit einem Mal körperlich gewachsen. Gegen seine seelischen Demütigungen konnte ich mich nach wie vor nicht schützen. Er hat mich weiterhin schmerzhaft beleidigt und beschimpft. Aber ich musste nicht mehr länger seine körperliche Gewalt ertragen oder um Gnade für meine Mutter betteln.

Nach dieser Gegenwehr hat er mich nie wieder geschlagen. Auch der Mutter gegenüber hielt er sich zurück. So falsch sich mein Angriff auch anfühlte: Er bedeutete einen wichtigen Sieg für uns alle.

Ausflüge in andere Welten

Die Familie Seifert, zu der ich meine Mutter nach meinem Ausbruch in Sicherheit gebracht hatte, war eine Flüchtlingsfamilie aus unserer Nachbarschaft. Meine Mutter war mit dem Ehepaar befreundet; ich verstand mich gut mit den Söhnen. Bei ihnen zu Hause habe ich erfahren, wie ein harmonisches, geregeltes Familienleben sein kann. Ohne Gewalt. Diese Kinder wuchsen anders auf als ich und meine Schwester: Sie durften frei sein und hatten doch einen geschützten Rahmen. Ich beneidete sie sehr, auch um ihren Vater. Der arbeitete viel und war so fleißig, dass er als Erster in unserer Straße ein Auto besaß.

Mein Vater hasste diesen Mann. Natürlich unterstellte er meiner Mutter eine Affäre mit ihm. Ich fühlte mich ausgesprochen wohl bei der Familie und verteidigte unseren Fluchtpunkt mit aller Macht. Auch der erste Fernseher in unserer Gegend stand in diesem Wohnzimmer, was natürlich eine weitere starke Anziehungskraft bedeutete.

Kamen die Mutter und ich nach einem Besuch bei Seiferts wieder zurück in unsere Wohnung, erwartete uns die nächste geballte Ladung Wut, die sich direkt an uns entlud. Dennoch gingen wir über einige Jahre hinweg immer wieder zu dieser Familie. Seine Schläge trafen uns so oder so, einen Anlass fand er immer – bis zum Tag meiner Gegenwehr. Seine riesige Hand hat er nie wieder gegen mich erhoben, seine Hasstiraden musste ich nach wie vor verkraften.

Noch während meiner Lehrzeit wurde ich von der Familie zu einer kleinen Urlaubsreise nach Bremen eingeladen. Sie wollten ihre Verwandten im Norden besuchen. Wir Jungs waren ganz heiß auf die lange Autofahrt und das unbekannte Ziel. Wir genossen die Fahrt und kamen schließlich in dem kleinen Städtchen Sulingen an, ganz in der Nähe von Bremen. Die beiden Brüder und ich hatten ein eigenes kleines Zimmer, die Eltern schliefen mit den Gastgebern in einem Bett zusammen. Heute wäre das undenkbar, damals konnte man auch gut mit weniger Raum auskommen. Wir Jungen würden ohnehin nur wenig Zeit im Haus verbringen, dazu waren wir viel zu neugierig auf die unbekannte Gegend. Schnell packten wir unsere Sachen aus und machten uns erwartungsvoll auf den Weg. In der Nähe hatte ein Zirkus sein Zelt aufgeschlagen. Wir verbrachten den ganzen Tag dort und staunten über die andere Welt, die sich vor uns auftat. Als es dunkel wurde, mussten wir zurück in unsere Bleibe. Vor der Haustür trafen wir dann einige andere Jugendliche, vier Mädchen und ein Junge. Sie wohnten im selben Haus und waren so neugierig, dass wir gleich ins Gespräch kamen. Sie fragten uns, woher wir kämen und was wir hier machen würden. Ich stand gerne Rede und Antwort – denn da war dieses blonde Mädchen namens Sieglinde. Wir tauschten Blicke aus und lächelten uns geheimnisvoll an. Ich spürte, wie es in mir rumorte, ich hatte Schmetterlinge im Bauch. Dann mussten wir in die Wohnung zurück. Den Rest der Nacht verbrachte ich wie in Trance, ein nächstes Treffen herbeisehnend. Tatsächlich wartete Sieglinde gleich nach dem Frühstück wieder an der Haustür auf mich. Es war wie eine geheimnisvolle Verabredung, sehr aufregend. Glücklicherweise waren in Niedersachsen gerade Schulferien, sodass ich den ganzen Tag mit ihr verbringen konnte. Die beiden Jungs waren davon wohl etwas enttäuscht, aber das war mir egal. Ich genoss die Zeit mit dem Mädchen sehr. Die Tage mit ihr vergingen wie im Flug. Dann stand der Tag der Rückreise bevor, in meiner Verliebtheit erschien mir das unerträglich. Also zog ich mich in die Ferienwohnung zurück und heckte einen Plan aus. Dann sprang ich die Treppen herunter zur geliebten Nachbarin. Wichtig sagte ich ihr, dass ich dringend mit ihr sprechen müsse. Dann weihte ich sie ein: Ich würde eine Blinddarmentzündung vortäuschen. Dann würde mich Herr Seifert ins Krankenhaus fahren. Man würde mich operieren – und so würde ich länger in Sieglindes Nähe bleiben können.

Der Plan schien tatsächlich zu funktionieren. Sie brachten mich ins Krankenhaus zur Notaufnahme. Der diensthabende Arzt untersuchte mich und drückte meinen gesamten Bauchbereich gründlich ab. Dabei täuschte ich starke Schmerzen vor. Ich hatte mir meine Krankheit so eingeredet, dass ich tatsächlich Bauchweh hatte. Nur den Arzt konnte ich nicht überzeugen. Er kam zu dem Ergebnis, dass ich nicht sofort operiert werden müsse. Man solle noch etwas abwarten und mich im heimischen Krankenhaus nochmals untersuchen lassen. Diese Diagnose enttäuschte mich natürlich maßlos und schlug mir noch mehr auf den Magen. Aber es half alles nichts: Ich musste mich von Sieglinde verabschieden. Ich versprach, wiederzukommen. Wir wollten uns gleich schreiben, ein Telefon besaßen wir noch immer nicht.

So groß war meine Sehnsucht gewesen, dass ich mich operieren lassen wollte, nur um noch einige Tage länger in Sieglindes Nähe zu sein! Dabei wäre ich im Krankenhaus gelegen und hätte mich gar nicht von der Stelle rühren können.

Höhenflug und Bruchlandung

Nach meinem Ausflug in die große, weite Welt fuhr ich niedergeschlagen und voller Herzschmerz wieder nach Hause. Meine Mutter empfing mich mit großer Freude, merkte aber gleich, dass ich mich verändert hatte. Erst genierte ich mich, dann erzählte ich ihr von meiner großen Liebe. Wie immer fand sie tröstende Worte für mich, was aber dieses Mal nicht so wirkungsvoll war. Für Liebeskummer gibt es wohl kaum einen Trost.

Am darauffolgenden Montag musste ich wieder als Lehrling im Geschäft antreten. Das fiel mir schwer, meine Gedanken kreisten immerzu um meine Errungenschaft. Ich konnte mich nicht auf meine Arbeit konzentrieren. Als ich drei Tage später in der Mittagspause nach Hause kam, begrüßte mich meine Mutter freudestrahlend und überreichte mir einen Brief. Gleich wurde mir ganz heiß, meine Hände fingen an zu schwitzen. Ungeduldig riss ich den Brief auf: Sieglinde vermisste mich sehr und schaute in jeder freien Minute das Foto an, das wir von uns gemacht hatten. Ich glühte vor Glück, als ich diese Zeilen las. Gleich nach der Arbeit schrieb ich ihr einen Brief zurück, voller Verliebtheit und Sehnsucht.

Wir schrieben uns noch viele solcher Briefe, etwa drei Monate lang. Dann traute ich mich, bei meinem Lehrmeister in der Firma nach einem Sonderurlaub zu fragen, damit ich wieder nach Sulingen fahren konnte. Ich erzählte ihm von einer Schwester, die schwer erkrankt sei und auch noch umziehen müsse. Sie bräuchte dringend meinen Beistand. Der Meister wollte nicht einwilligen und sagte, er bräuchte gerade jetzt jeden Mann und ich hätte erst Urlaub gehabt. Da ich die Dringlichkeit aber in jeder Faser meines Körpers spürte, ließ ich nicht locker. Nochmals sprach ich vor und bat um seine Erlaubnis und um Verständnis für meine verzweifelte Situation. Der Meister merkte, dass es wohl wichtig sein musste – und ließ mich schließlich ziehen. Zu Hause überschüttete ich als Erstes meine Mutter mit der sensationellen Neuigkeit. Ich bat sie inständig, mir beim Kauf der Zugfahrkarte zu helfen. Als Lehrling verdiente ich damals nur etwa 40 Deutsche Mark im Monat. Damit konnte ich keine großen Sprünge machen, schon gar nicht bis kurz vor Bremen. Auch dieses Mal zeigte meine liebe Mutter Verständnis und schaffte es irgendwie, mir das Geld vorzustrecken: Der Weg nach Sulingen war frei! Noch am selben Tag ging ein neuer Brief mit der glücklichen Nachricht auf die Reise zu Sieglinde.

In dieser Zeit brachen meine Gefühle plötzlich ungehemmt aus mir heraus, ich trug meine Liebe nach außen. Ich konnte gar nicht anders, weil der Rausch der Verliebtheit derart von mir Besitz ergriffen hatte. Gleichzeitig überkam mich die großartige Überzeugung, ich könnte mein Leben jetzt ganz frei und neu gestalten. In meiner Euphorie malte ich mir aus, mein bisheriges Leben ganz hinter mir zu lassen und mir in Sulingen eine neue Existenz aufzubauen. Ich wollte wegziehen, mit Sieglinde zusammenwohnen, meine alte Lehrstelle aufgeben und mir in der neuen Welt eine andere Beschäftigung suchen. Es war ein so starker und leidenschaftlicher, umwälzender Drang, wie ihn wohl nur junge Leute verspüren.

Schließlich kam der lang ersehnte Tag. Abends fuhr mein Zug in Richtung Norden. Die Fahrt dauerte bis in die frühen Morgenstunden. Geschlafen habe ich in dieser Zeit nicht, dazu war ich viel zu angespannt: Ich träumte mit offenen Augen. In dem fahrenden Zug verstärkten sich meine Erwartungen noch, die Zukunftsfantasien steigerten sich weiter. Als der Zug morgens gegen sieben Uhr am Bahnhof in Sulingen anhielt, fühlte sich mein Leben ganz und gar unwirklich an. Sieglinde und ich hatten uns in der Nähe von der Wohnung ihrer Eltern verabredet. Ich lief zu dem Treffpunkt und wartete voller Spannung, gequält von den langsam verstreichenden Sekunden. Ich spürte meinen hochroten Kopf, ich glühte – im wahrsten Sinne des Wortes.

Da sah ich sie aus dem Haus kommen. Sieglinde lief auf mich zu, wir sahen uns an und umarmten uns. Und wieder passierte etwas sehr Überraschendes, das sich nicht mit Willen oder Vernunft lenken ließ. Während der kurzen Umarmung spürte ich, dass etwas anders geworden war. Vom ersten Augenblick an schien sich die Verliebtheit immer weiter zu verlieren. Ich war nicht imstande, das wunderbare Gefühl festzuhalten, auch wenn ich es wollte, es drohte rasend schnell im Nichts zu verschwinden. Das Knistern zwischen uns, die Leidenschaft, der Zauber unserer ersten Treffen: All das kam einfach in Sekundenschnelle abhanden, ohne dass ich es so gewollt hätte. Mir stockte der Atem, ich konnte kaum etwas sagen. Schweigend liefen wir zusammen in die Richtung ihrer Schule, wo sie an diesem Tag hin musste. Sie hatte sichtbar an Gewicht zugenommen, sodass sie mir auch äußerlich fremd geworden war. Das war aber nicht der Grund für meine entfremdeten Gefühle. Ich war durch und durch ratlos, was geschehen war. Langsam und still liefen wir weiter. Es dauerte eine Weile, bis ich mich zu fragen traute, wo ich denn in den nächsten Tagen schlafen könne. Lächelnd sagte sie mir, dass sie schon alles vorbereitet hätte. Sie brachte mich zu einer kleinen Pension, wo ich auf sie warten sollte, bis die Schule vorbei war.

Auch in den kommenden Tagen blieb es bei unserer Distanz. Der Traum war vorbei. Ich hatte mich wohl derart in diese Geschichte hineingesteigert und so hohe Erwartungen gehabt, dass mich die Realität nur enttäuschen konnte. Schließlich reiste ich vorzeitig ab, nicht ohne mich freundlich zu verabschieden und Sieglinde alles Gute für die Zukunft zu wünschen.

Zurück in Lahr wurde ich freudig von meiner Mutter empfangen. Sie war erleichtert, dass mir bei meinem Abenteuer nichts zugestoßen war. Ich dagegen fühlte mich innerlich furchtbar verletzt und enttäuscht. Das Besondere in meinem Leben war mir plötzlich wieder abhandengekommen. Die Seifenblase von einem anderen Leben in der Ferne war zerplatzt, das Leben sollte im alten traurigen Trott weitergehen. Hätte ich meine Mutter überhaupt alleine lassen können? War es diese, meine einzig wahre Pflicht, die mich unbewusst wieder von dem Mädchen und Bremen loslöste? Ich weiß es nicht genau – aber die Bindung zwischen mir und meiner Mutter war außergewöhnlich stark. Meine Aufgabe war, sie zu beschützen.

Ich erzählte ihr, was passiert war und lag weinend in ihren Armen. Sie beruhigte mich und meinte, ich würde in meiner Zukunft noch öfter unter Liebeskummer leiden müssen. Womit sie natürlich recht hatte. Mein Leben beruhigte sich tatsächlich bald wieder. Als ich nach zwei Tagen wieder zur Arbeit ging, bedankte ich mich bei meinem Meister für sein Verständnis und versprach ihm, jetzt viel Leistung zu bringen und die versäumte Arbeitszeit nachzuholen.

Auch wenn diese wunderbare Seifenblase so schnell zerplatzt ist, bereue ich mein damaliges Verhalten nicht. Wenn man Träume und Ziele hat, sollte man dafür kämpfen. Ich habe damals viel riskiert: eine Operation, meine Lehrstelle, mein ganzes bisheriges Leben wollte ich auflösen. Entschlossenheit kann sehr viel Kraft mobilisieren – das habe ich erfahren und möchte es gerne weitergeben. Wenn man etwas will, sollte man dafür voll und ganz einstehen. Auch Niederlagen gehören dazu: Es tut letzten Endes unendlich gut, wenn man sich diese offen eingestehen kann. Dann fällt man erst einmal tief und braucht alle Kraft, um sich wieder neu aufzurappeln. Aber nur so kann es vorwärtsgehen, so spielt das Leben. Diese Erkenntnisse haben mich reifen lassen.

Der Mut zu einer Bindung

Mein Selbstbewusstsein war derart schlecht, dass ich nicht daran glaubte, dass mich jemals eine Frau lieben könnte. Ich war meine gesamte Kindheit vom Vater als Versager und Nichtsnutz beschimpft worden, als Hurensohn. Die vielen anderen Wörter kommen nicht über meine Lippen, aber ich habe sie noch immer im Ohr. Bis zum heutigen Tag besitzen sie Macht über mich, weil sie mich noch immer unendlich traurig machen. Als Kind und Jugendlicher sah ich mich selbst als Schwächling. Ich konnte nichts und hatte nichts. Ich *war* nichts. Aus diesem Grund hat es auch so lange gedauert, bis ich mir selbst zutraute, eine Freundin zu haben.

Als ich dann mit 18 Jahren auf Karin traf, fühlte sich das an wie der Beginn eines neuen Lebens. Dennoch war ich voller Angst und Misstrauen. Ich konnte nicht glauben, dass eine Frau ausgerechnet mich haben wollte, brauchte Lob und Anerkennung wie ein durstiges kleines Kind. Lange Zeit dachte ich, Karin würde lügen, wenn sie etwas Nettes über mich sagte. Nur zeitweise fiel der graue Schleier vor meinen Augen weg, und ich merkte, dass sie mich wirklich schätzte. Ich kannte mich selbst nicht mehr: Plötzlich sollte ich jemand anderes sein als der ewige Versager. Ich sollte liebenswert sein. Schwer zu glauben!

Auch wenn ich Karin und weitere wichtige Beziehungen wieder verloren habe, blieb durch die Liebe eine Erfahrung, die mich positiver durchs Leben gehen ließ: Ich bin jemand, ich bin etwas wert. Mühsam sammelte ich Selbstvertrauen, über viele Jahre hinweg, bis heute.

Karin kam aus einem Ort in der Nähe. Sie sah so aus, wie ich es bei Frauen mag: eine eher kleine Person mit großer Oberweite und schönen, festen Schenkeln. Ich war ihrer Attraktivität völlig verfallen. Wenn sie so in ihrem Minirock bei mir stand, fühlte ich mich wie ein toller Hecht. Leider waren auch andere Männer von ihr angetan, und sie flirtete, was das Zeug hielt. Sie ging zwar ein Verhältnis mit mir ein, aber ich wusste, dass sie mir nie ganz gehören würde. Sie hätte jederzeit wieder aus meinem Leben verschwinden können. Karin war nicht verliebt in mich. Wieso auch, ich fand mich ja selbst nicht attraktiv. Außer meiner Mutter gab es bisher keine Frau in meinem Leben, die mir jemals ein Kompliment gemacht hätte oder auf irgendeine Weise mein Selbstvertrauen gestärkt hätte.

Mein Wunsch, Karin ganz für mich zu gewinnen, war groß. Ich kämpfte um ihre Liebe. Immer wieder bildete ich mir neue Chancen ein, was mich zu Höchstleistungen anspornte. Ich tat alles, um ihr zu gefallen, erfüllte ihr jeden Wunsch. Kaum war ich 18 Jahre alt, machte ich den Führerschein und kaufte mein erstes Auto, einen Simca. Mein gesamtes Erspartes musste ich dafür berappen, die Mutter gab mir wieder etwas Geld dazu. Mit dem Auto konnte ich gleich ganz anders auftreten und mein schwaches Selbstbewusstsein aufpolieren. Karin war sichtbar beeindruckt, und am Wochenende gingen wir zusammen in dem Auto auf Tour. Oft nahm sie ihre Freundinnen mit. Wir waren eine muntere Gesellschaft und hatten Spaß am Leben. Oft fuhren wir zum Tanzen in die Disco oder besuchten allerlei andere Veranstaltungen.

Heimat und Fremde

Eines Tages kam mein Freund Günter auf mich zu und verriet mir seinen neusten Plan: Er wollte mit mir nach Berlin ziehen. Er hatte sich überlegt, dass wir uns dort im großen Siemens-Werk eine neue Arbeit suchen. Er plante ein, dass wir in der ersten Zeit kostenlos bei seinem Opa wohnen würden. Das Arbeitsamt würde uns dabei finanziell unterstützen. Ich überlegte nicht lange. Es gab nicht viel, was mich in Lahr hielt, und mein Drang nach neuen Erfahrungen war stark. Mein Leben selbst gestalten – das wollte ich unbedingt. Ich wohnte noch zu Hause und wartete im Grunde nur auf eine gute Gelegenheit, um den Absprung zu schaffen. Günter war nach wie vor mein bester Freund, unsere Verbindung war stark. Zudem hatte ich noch einen Halbbruder in Berlin, aus der ersten Ehe meines Vaters. Würde ich bei ihm einen familiären Zusammenhalt finden? Das alles wollte ich herausfinden.

Wir beiden Halbstarken verabschiedeten uns innerhalb weniger Wochen von unserem bisherigen Leben. Wir kündigten unsere Arbeitsplätze, beschwichtigten unsere Eltern und feierten mit Freunden und Bekannten eine große Abschiedsparty. Mit wenigen Kleidern in unseren Koffern gingen wir auf die Reise nach Berlin. Wie geplant konnten wir mit unseren sieben Sachen bei Günters Opa unterkommen. Als Erstes wollte ich meinen Halbbruder Klaus aufsuchen. Er wohnte im Bezirk Neukölln. Ich hatte mir die Gegend großartig vorgestellt, in Wirklichkeit sahen die Häuser sehr heruntergekommen aus. Als der fremde Bruder dann vor mir stand, erschrak ich. Er sah mich ernst an und schien keinerlei Freude darüber zu empfinden, dass wir uns noch einmal begegneten. Beim letzten Mal war ich noch ein kleines Kind gewesen, unser gemeinsamer Vater hatte ihn aus unserer Baracke geprügelt.

Wir waren uns nicht nur fremd, sondern unsympathisch. Als ich dann noch verstand, dass er und seine Begleiter homosexuell waren, konnte ich meine Abneigung nicht länger zurückhalten. Ich war zum ersten Mal einem Schwulen begegnet und konnte mit diesem Thema überhaupt nicht umgehen. Dieser Mann war mir fremd und würde es auch bleiben. Ich habe nie wieder etwas von ihm gehört.

Es gab genügend freie Arbeitsplätze zu dieser Zeit, und ich wurde prompt zu einem Vorstellungsgespräch bei Siemens eingeladen. Meine Bewerbung war erfolgreich, ich verließ das große Werk also tatsächlich mit einem Arbeitsvertrag in der Tasche. Mit blieb eine Woche Zeit, bevor ich bei der neuen Stelle antreten sollte. In den folgenden Tagen wurde das Gefühl der Fremdheit so stark, dass ich Heimweh bekam. Zum einen war mir das riesige Siemens-Werk unheimlich. Ich sehnte mich nach meiner vertrauten, überschaubaren Umgebung. Zum anderen dachte ich oft an meine Mutter und machte mir große Sorgen, was ihr der Vater ohne meinen Schutz antun würde. Aus der Entfernung konnte ich ihr nicht beistehen. Außerdem fehlte sie mir als wichtigste Vertraute.

Meine Entscheidung lautete schließlich: Meine Wurzeln sind im Schwarzwald, und dahin will ich auch wieder zurück. Günter nahm mir meine Umkehr nicht übel. Er blieb in Berlin. Als ich mit Flugzeug und Bahn wieder zurück nach Lahr kam, freuten sich meine anderen Kumpels über meine überraschende Rückkehr, das war ein schöner Trost.

Ich ging zum Arbeitsamt nach Lahr, um in der Heimat wieder eine Stelle zu finden. Zuerst sollte ich die Förderung, die ich für meine Reise nach Berlin vom Amt erhalten hatte, zurückbezahlen. Dann brachte mich Mama auf eine Idee. Sie hatte eine Putzstelle auf dem Flugplatz in Lahr angenommen. Hier hatten sich die kanadischen Streitkräfte niedergelassen, und sie putzte das kanadische Kino. Sie hatte mitbekommen, dass dort Handwerker gesucht wurden und gab mir den Tipp, mich als Elektriker vorzustellen. Ich sammelte mein Selbstbewusstsein zusammen und ging zum dortigen Personalbüro. Man gab mir einen Laufzettel in die Hand, und ich sprach bei einem kanadischen Offizier vor. Der Mann in Uniform sah beeindruckend aus, sein englischer Akzent ließ ihn noch mächtiger erscheinen. Dass er nicht so gut Deutsch sprach, führte schließlich zu einem Missverständnis, von dem ich profitieren sollte. Als mich der Offizier gründlich ausfragte, erzählte ich ihm, dass ich gerade vom Siemens-Werk in Berlin gekommen war und mich dort vorgestellt hatte. Ohne mein Zutun verstand er es so, dass ich schon als Elektriker bei Siemens gearbeitet hatte. Das beeindruckte ihn, sodass er mir daraufhin grünes Licht für eine Anstellung gab. Damit nicht genug – aus demselben Grund verdiente ich sogar eine Mark mehr Stundenlohn als die anderen Elektriker auf dem Platz. Voller Freude und Glück verließ ich den Flugplatz und bedankte mich überschwänglich bei meiner Mutter für den wertvollen Tipp. Mein erster Arbeitstag als Elektroinstallateur auf dem Lahrer Flugplatz war der 17. November 1969. Meine Hauptaufgabe war die elektrische Instandhaltung der militärischen Gebäude und des Startbahngeländes. Nach einem schüchternen und unsicheren Start in der dortigen Elektrowerkstatt wurde ich bald mit den dortigen Abläufen vertraut. Was ich mir zu dieser Zeit noch nicht hätte vorstellen können: Ich sollte ganze 23 Jahre lang dort bleiben.

Als ich mich in der Heimat wieder eingelebt hatte, nahm ich erneut Kontakt zu meiner früheren Freundin Karin auf. Nachdem ich drei Monatsgehälter gespart hatte, kaufte ich mir ein neues Auto – vor allem, um Karin damit zu beeindrucken. Es war ein nagelneuer, hellblauer Ford Capri mit schwarzem Dach, ein schicker und rasanter Wagen. Weil ich einen festen Arbeitsvertrag hatte, konnte ich das Auto über die Bank finanzieren. Dennoch lebte ich damit eindeutig über meine Verhältnisse. Jeden Monat musste ich eine Rate von 500 Mark zurückbezahlen, sodass mir von meinem Lohn nur noch 190 Mark zum Leben blieben. Ich musste mich sehr einschränken, um über die Runden zu kommen.

Aber das Auto tat die gewünschte Wirkung: Karin war begeistert, als ich bei unserem Wiedersehen mit dem neuen Ford angefahren kam. Ich war stolz – aber es tat mir auch weh, dass sie mein Auto offensichtlich toller fand als mich selbst. Tatsächlich hatte ich es aber gar nicht anders erwartet und es darauf angelegt, mit dem Gefährt zu punkten. Wir gingen also wieder zusammen auf Tour, besuchten Tanzveranstaltungen und nahmen dabei Freunde aus Karins großem Bekanntenkreis mit.

Alles oder Nichts

Eines Abends fuhr ein Mädchen namens Inge bei uns mit. Ihr Freund Arnold war auch dabei, wir brausten zur Diskothek »Tenne«. Ich wollte tanzen, aber Karin wies mich ab. Da nahm ich meinen ganzen Mut zusammen und forderte Inge zum Tanzen auf. Sie willigte tatsächlich ein. Wir gingen zusammen auf die Tanzfläche, sie spielten mein Lieblingslied: »Du« von Peter Maffay. Wir hatten zuvor kaum etwas miteinander gesprochen. Dennoch fühlten sich das Tanzen und die zufälligen Berührungen gleich vertraut an. Mich überkamen schöne, warme Gefühle, ich muss geradezu dahingeschwebt sein – so kam es mir jedenfalls vor. Diese Frau wollte ich kennenlernen! Mit Avancen hielt ich mich zurück, weil sie ja einen Freund hatte. Auch meine Gefühle hielt ich deswegen so weit wie möglich im Zaum.

In den kommenden Wochen trafen wir uns hin und wieder, ich holte sie mit meinem tollen Auto ab. Eine Zeit lang fuhr ich sie zum Krankenhaus, wo ihr Freund Arnold stationär untergebracht war. Dort wartete ich auf sie, und wir gingen anschließend ein Eis essen oder zum Baden an den Baggersee. Ich weiß noch, wie ich einmal vor ihr mein Auto am See gewaschen habe, um Eindruck zu schinden. Das würde ich heute wohl nicht mehr tun – aber mein Werben hatte schließlich doch Erfolg. Nachdem wir uns langsam und sachte kennengelernt hatten, flogen plötzlich die Funken. Sie machte mir Komplimente und Liebeserklärungen. Wie sehr hatte ich mich danach gesehnt! Inge sagte mir, dass sie sich sehr zu mir hingezogen fühle. Meine Körpergröße würde ihr gut gefallen: Mit meinen 190 cm konnte ich sie also beeindrucken. Sie schwärmte auch von meiner ruhigen Art und meinem Humor. Ich war selig.

Wir hielten unsere Verbindung zunächst geheim, dann sprach sie mit Arnold und beendete die Beziehung. Ich tat dasselbe und machte mit Karin Schluss. Ich war es ohnehin leid, dieser Illusion hinterherzulaufen. Jetzt wollte ich alles oder nichts. Der gemeinsame Weg von mir und Inge war frei. Von Anfang an wollten wir Nägel mit Köpfen machen, schon bald stellte ich sie meiner Mutter vor. Ich fürchtete mich davor, wie die Begegnung mit meinem Vater verlaufen könnte, hatte Angst, dass sie mich wegen ihm ablehnen könnte. Ich erzählte ihr ehrlich von den Verhältnissen bei uns zu Hause und vom Alkohol. Dann rückte sie damit heraus, dass ihr Vater ebenfalls ein Trinker war. Wir hatten insofern ein ähnliches Schicksal, was uns dann noch stärker miteinander verband. Allerdings war ihr Vater nicht gewalttätig – zu ihrem Glück.

Damals ging alles etwas langsamer als heute. Es dauerte eine ganze Zeit, bis sie mich einmal mit zu sich nach Hause nahm, um mich den strengen und prüfenden Blicken ihrer Eltern auszusetzen. In ihrem Haus hatte die fromme Mutter immer ein Auge auf uns, wir konnten uns nicht frei bewegen. Also waren wir meistens unterwegs. Wenn ich sie nach unseren Ausflügen abends wieder nach Hause brachte und wir Verliebten noch stundenlang im Auto sitzen blieben, kam der Vater und klopfte an das Fenster. Er ging mitten in der Nacht zum Angeln und sah dann, dass mein Auto immer noch vor dem Haus stand – mit beschlagenen Scheiben.

Eine neue Position

Die meisten meiner Arbeitskollegen bei den kanadischen Streitkräften waren Einheimische und Bauern. Darunter mischten sich vereinzelt noch ein paar andere Nationalitäten. Obwohl ich besser als manch anderer bezahlt wurde, bekam ich von einigen Kollegen schon bald wieder den Stempel »Flüchtlingskind« verpasst; es schien auf meiner Stirn zu stehen. Wegen meiner Herkunft wurde ich von Anfang an als minderwertig angesehen. Während der ersten Jahre im Betrieb gehörte ich zu denen, die für andere die Drecksarbeit erledigten. Ich arbeitete besonders hart, um meine Fähigkeiten und mein Durchhaltevermögen zu beweisen. Ich habe brav und unterwürfig funktioniert, wollte mich profilieren, Anerkennung bekommen, aufsteigen.

Es gab einen älteren Kollegen, der es gut mit mir meinte. Er hatte es am eigenen Leib erfahren, als Arbeiter zweiter Klasse behandelt zu werden. Der Kollege nahm mich zur Seite und sagte mir eindringlich, dass ich lernen müsse, mich zu wehren. Erst da wurde mir meine unterwürfige Rolle mit aller Macht bewusst. Ich begann mich zu weigern, noch länger die Drecksarbeit für andere zu machen. Es kam zum Streit, und man versetzte mich nach sechs Jahren – weg vom Flugplatz, hin zu den Dienstwohnungen und Geschäften der kanadischen Soldaten. Meine neue Aufgabe bestand darin, die Gebäude und Anlagen instand zu halten. Dieser berufliche Wechsel hatte mich zunächst tief beunruhigt, stellte sich dann aber als großes Glück heraus. Ich machte meine neue Arbeit eigenverantwortlich, ohne mich jemandem anzubiedern oder gar zu unterwerfen. Der Kontakt zu meinem väterlichen Kollegen blieb bestehen; er kam in den Betriebsrat.

Eines Tages wurde mein Chef pensioniert und seine Stelle als Vorarbeiter wurde ausgeschrieben. Als ich davon hörte, hakte ich es gleich ab. Und wieder kam der ältere Kollege auf mich zu und drängte mich, eine Bewerbung zu schreiben. Als ich abwinkte, redete er so lange auf mich ein, dass ich mich schließlich ihm zuliebe für die Stelle bewarb. Ich hatte keinerlei Hoffnung auf Erfolg. Für alle Bewerber folgte eine praktische und eine theoretische Prüfung sowie ein englisches Referat. Das alles hätte ich mir nie zugetraut. Dann kam tatsächlich ein Telefonanruf – und ich hatte die Stelle! Ohne die energischen Worte meines Freundes wäre es nie dazu gekommen. Allein durch das Zutrauen und Drängen eines Kollegen hatte sich meine Arbeiterrolle mit einem Mal ins Gegenteil gewendet! Die, die bisher auf mich herabgesehen und mich herumgescheucht hatten, verhielten sich mit einem Mal unterwürfig. Sie klopften mir auf die Schulter und behaupteten, sie hätten schon immer gewusst, dass aus mir noch etwas wird. Es war der blanke Hohn. Ich spürte Verachtung, die ich aber weitgehend für mich behielt. Zu Beginn meiner neuen Position musste ich schwer arbeiten, um der gehobenen Stellung gerecht zu werden. Ich schaffte viel und lang, besuchte Fortbildungen und lernte Englisch. Ich hatte nun 14 Mitarbeiter aus verschiedenen Berufssparten unter mir. Meine neu errungene Macht spielte ich nicht aus – mit einer Ausnahme. Zu meiner neuen Position gehörte, dass ich darüber entschied, wer in meinem Team als Elektriker oder Handwerker neu eingestellt wurde und ich führte die neuen Kollegen in ihre Arbeit ein. Unter den Bewerbern waren einige Söhne jener Eltern, die mich früher als »asozial« beschimpft und ausgegrenzt hatten. Es war die reinste Genugtuung für mich, diesen Spieß jetzt herumzudrehen und zu sagen: »Nein. Du nicht.«

Vom Sohn zum Mann

Auf privater Ebene führte ich mit Inge meine erste richtige und dauerhafte Beziehung. Keine launige Liebelei wie mit Karin, sondern eine Verbindung von Kraft und Dauer. Danach hatte ich mich gesehnt, seit ich den Kinderschuhen entwachsen war. Kaum erfüllte sich dieser Traum, schloss sich gleich der nächste an: Mit dieser Frau möchte ich gerne Kinder haben!

Ich wohnte noch bei meinen Eltern und wollte weg aus der Höhle des Löwen – hin zu meiner eigenen Familie. Kam ich nach der Arbeit zurück in mein Elternhaus, wurden meine Träume mit Füßen getreten. Der Vater schrie mich an, dass ich kein Mann sei und nie einer sein würde. Ich sei ein »Geschöpf des Teufels«, so nannte er mich oft. Die Worte hallen heute noch in meinem Kopf nach. Ja, in meinen Augen war er der Teufel, der mich gezeugt hatte, und er sprach es unbewusst selbst aus. Ihm – Paul, dem Säufer – wollte ich zeigen, dass ich es besser machen konnte als er. Mein Ziel war, so schnell wie möglich auf eigenen Füßen zu stehen und ein liebevoller, fürsorglicher und humorvoller Ehemann und Vater zu werden.

In dieser Zeit, als mein Bedürfnis nach dem Verlassen des Elternhauses unerträglich wurde, erhielt ich die Einberufung zur Bundeswehr. Sie hatten mich tatsächlich dem gewünschten Bataillon zugeteilt: Mein Weg zur Marine war frei! Sollte ich doch noch als Matrose von Wilhelmshaven aus in die weite Welt fahren? Die Chance eines eigenen, freien Lebens war plötzlich in greifbare Nähe gerückt. Die weite Entfernung von zu Hause verhieß einen endgültigen Neustart. Mitten in dieser Entscheidung erfuhr ich von Inge, dass sie schwanger war! Ich würde Vater werden. Die Nachricht erfüllte mich mit großer Glückseligkeit, es war wie ein Rausch. Sollte ich dennoch zur Marine gehen und erst danach für Frau und Kind da sein? Aus ganzem Herzen entschied ich mich für meine junge Familie. Ich wollte miterleben, wie mein Kind das Licht der Welt erblicken würde. Dieses Kind war mein größter Wunsch. Ich wollte Vater sein, Leben schenken – und nicht als Soldat in den Krieg ziehen.

Dem Bundeswehrersatzamt zu beweisen, dass mein Gesundheitszustand in so kurzer Zeit von tauglich zu untauglich gewechselt hatte, erwies sich jedoch als schwierig. Ich lief von Arzt zu Arzt, erfand Krankheiten und Beschwerden, um Atteste zu bekommen und erhielt doch wieder eine Ablehnung vom Kreiswehrersatzamt. Aber ich ließ nicht locker. Den Traum von meiner eignen Familie wollte ich mir um nichts in der Welt nehmen lassen.

Zufällig half ich dann einem Arbeitskollegen bei einer Elektro-Installation aus; der Arbeitgeber war ein Professor im Lahrer Krankenhaus. Ich fasste Mut und suchte das Gespräch mit dem Arzt. Ich erzählte ihm von meinem Anliegen und spielte mit offenen Karten: Ich wollte nicht zur Bundeswehr und mich damit meiner Verantwortung als Vater entziehen. Ich wollte miterleben, wie mein Kind zur Welt kommen würde. Glücklicherweise konnte ich dem Arzt mit meiner Ehrlichkeit vermitteln, dass diese Vaterschaft mein Lebenstraum war. Der Professor erhörte meine Bitte, erkannte meine Not und meine guten Absichten. In einem Gutachten beurteilte er meinen Gesundheitszustand als ungeeignet für die Bundeswehr. Kurze Zeit später musste ich noch einmal zu einer Untersuchung zum Kreiswehrersatzamt. Nach zwei Wochen bangen Wartens bekam ich den endgültigen Bescheid. Ich wurde als »vorübergehend untauglich« bezeichnet und damit nicht eingezogen. Meine Freude war unbeschreiblich groß. Ich juchzte innerlich: Diesen ersten großen Schritt hatte ich geschafft. Mit frohem Herzen träumte ich von der Gründung unserer Familie.

Der Weg für unsere Zukunft war freigeräumt. Wir planten die Hochzeit. Dazu fanden wir eine schöne Wohnung in Sulz bei Lahr. Weil ich keine Ersparnisse hatte, nahm ich für unseren gemeinsamen Neustart einen Kleinkredit bei der Sparkasse auf. Wir besaßen keinerlei Möbel oder Haushaltsgegenstände, die Wohnung musste komplett eingerichtet werden. Mithilfe des Kredits besaßen wir bald eine gemütliche Bleibe. Hier fühlten wir uns gewappnet. Wir waren bereit für das Kind und erwarteten es voller Liebe.

Inge war hochschwanger, als wir am 7. August 1971 standesamt-
lich und kirchlich heirateten. Unser Kind sollte ehelich zur Welt
kommen. Es war ein weiterer wichtiger Schritt, auch wenn ich unsere
Hochzeitsfeier leider nicht genießen konnte. Unsere eigenen Gäste,
die Bekannten meiner Frau – sie waren mir fremd und passten nicht
so recht zu mir, meinem Leben und zu dem Bild, das ich von mir
hatte. Mit ihren teuren Autos und schicken Kleidern kamen sie mir
so wohlhabend vor, und ich war doch nur der Sohn von Paul, dem
Säufer. Ihn, meinen Vater hatte ich nicht eingeladen. Nach dem, was
er mir im Leben angetan hatte, sollte er auf keinen Fall an meinem
Ehrentag teilhaben. Ein Neuanfang war nur ohne ihn möglich.

Mein Vater starb 1972 mit 67 Jahren an einem Hirnschlag. Nachdem er zu Hause umgekippt war, kam er ins Krankenhaus, wo er am
nächsten Tag gestorben ist. Endlich war er raus aus unserem Leben.
Niemand trauerte um ihn.

Die schönsten Geschenke meines Lebens

Es kam der Tag, als meine Frau Inge Wehen bekam. Wir saßen abends ruhig vor dem Fernseher, es lief gerade die Krimiserie »Der Alte«. Plötzlich ging es los. Inge krümmte sich vor Schmerzen. Wir schnappten die vorbereiteten Sachen und rasten los zum Krankenhaus. Männer durften damals nicht im Kreißsaal dabei sein, also schickte man mich wieder nach Hause. Was für eine unruhige, erwartungsvolle Nacht zwischen Bangen und Hoffen!

Am nächsten Morgen kam unser Kind zur Welt, es war der 30.10.1971. Endlich erreichte mich der ersehnte Telefonanruf – ich war Vater eines gesunden Mädchens geworden: eine Sensation! Ich hatte mir ein Mädchen gewünscht, war selig und stolz. Am selben Abend feierte ich mit guten Bekannten und Kollegen bis in die frühen Morgenstunden. Jedem, der mir begegnete, habe ich von meinem Kind erzählt. Alle sollten wissen, wie glücklich ich war. Inge und ich gaben ihr den Namen Simone. Wir haben unsere Rollen als Mutter und Vater gut gemeistert. Es war eine wunderschöne Erfahrung für mich, meiner Familie Liebe und Geborgenheit zu schenken.

Trotz meines neuen Lebensabschnitts als Vater waren meine Gedanken oft bei meiner Mutter. Sie musste nun allein mit dem Unmensch leben, bis er 1972 starb. Bis zu diesem Tag war ich ständig unterschwellig in Sorge gewesen, dass er sie gerade wieder verprügelt oder sonst irgendetwas Schreckliches passiert. Mein Beschützerinstinkt für sie war nach wie vor stark. Ich sprach mit Inge, und sie war damit einverstanden, dass ich meine Mutter des Öfteren in unser neues Zuhause holen würde. Wenn sie bei uns war, fühlte ich mich sicher und beruhigt. Sie passte manchmal abends auf unsere Tochter auf, sodass meine Frau und ich etwas alleine unternehmen konnten.

Nachdem mein Vater tot war, konnte ich endlich ohne Angst leben. Für mein Baby wollte ich ein ganz anderer Vater sein. Ich konnte mich endgültig von meinem Erzeuger distanzieren und ein neues, freieres Leben führen. Mein Kind würde liebevoll und fröhlich aufwachsen, ohne Schläge und Seelenschmerzen – das schwor ich mir. Tagsüber arbeitete ich sehr viel. Ich wollte meiner Familie ein gutes Leben verschaffen. Als unsere Tochter Simone schließlich fünf Jahre alt war, verspürte ich den großen Drang, ein eigenes Haus für meine Familie zu bauen. Geld hatten wir kaum übrig, aber mein Wille und meine Energie waren stark. Ich war bereit, das Haus aus eigener Kraft zu bauen. Mithilfe eines Kredits würden wir es schon schaffen. Mit einer Baufirma sprach ich die Planung unseres Hauses ab. Der Ort dafür sollte in Langenwinkel bei Lahr sein.

Als die Pläne für das Projekt gerade standen, überraschte mich meine Frau mit einer Glücksbotschaft. Sie war schwanger, wir würden noch ein zweites Kind bekommen! In diesem Moment platzte zwar der Traum vom Eigenheim, aber ich war überglücklich, und es war keine Frage: Das Kind und meine Familie waren wichtiger als tote Steine. Inge bestand darauf, den Hausbau zu stornieren, und auch ich sah weder Raum, Zeit noch Geld dafür. Ich vereinbarte also einen neuen Termin mit der Baufirma. Dabei teilte mir der Firmenchef mit, dass zwei Kinder für unser Bauvorhaben nur von Vorteil wären. Wir würden einen höheren und günstigeren Kredit vom Staat bekommen, der nach sieben Jahren zinslos zurückbezahlt werden müsse. Das gab mir neuen Auftrieb, und ich wollte am liebsten sofort damit anfangen, die Steine aufeinander zu setzen. Meine Frau war zurückhaltend und skeptisch: ob wir das alles bewältigen würden? Mit meinem leidenschaftlichen Tatendrang konnte ich sie schließlich überzeugen. Die Verträge wurden unterschrieben – und ich legte los wie ein Besessener. Jede freie Minute war ich auf der Baustelle. Ich gab alle Kraft, die in mir steckte. Es war mein Lebensraum, der mich antrieb. Das Ziel war, mit dem Hausbau fertig zu sein, wenn das zweite Kind auf die Welt kommen würde. Das Baby war dann doch schneller als ich: Am 17.8.1978 kam unsere Tochter Nicole gesund auf die Welt.

Ich hatte mir immer zwei Kinder gewünscht, meine Freude war riesengroß. Ich war selig und tief berührt.

Bis heute bin ich von einer großen Dankbarkeit über meine Kinder erfüllt. Eine tiefe Ehrfurcht vor dem Leben kam damals in mir hoch, die ich bis dahin nicht kannte und die ich immer noch in mir trage. Meine Kinder sind so wichtig für mich wie die Luft zum Atmen. Sie geben mir Kraft und Mut, um weiter zu kämpfen und an mich zu glauben. Ich danke meiner Frau Inge, dem Schicksal und Gott, dass mir diese beiden lieben und gesunden Kinder gegeben wurden. Sie sind das schönste Geschenk meines Lebens.

Mehr, mehr, mehr

Unsere kleine Nicole war also früher fertig geworden als unser Haus. Das machte mir aber nichts aus, das kleine Wesen motivierte mich nur noch mehr. Mein Vaterglück brachte mich zusätzlich auf neue Ideen für unser Heim. Bis auf wenige Stunden Schlaf arbeitete ich rund um die Uhr: tagsüber in der Firma, dann ein Nebenjob und danach auf die eigene Baustelle. Die Folge war, dass ich überhaupt keine Zeit mehr für meine Familie übrig hatte. Ich hatte ein schlechtes Gewissen. Meine Frau machte mir Vorhaltungen, dass sie mit den Kindern ganz alleine wäre und alles an ihr hängen würde. Das sah ich ein, aber mir blieb zu dieser Zeit gar nichts anderes übrig, als meine ganze Energie in den Hausbau zu stecken. Die Gespräche mit meiner unzufriedenen Frau waren kräftezehrend und entmutigend – im Gegensatz zu den Augenblicken, die ich mit meinen Kindern verbrachte. Die beiden spornten mich immer wieder zu Höchstleistungen an. Hatte ich eine freie Minute, schnappte ich mir die Wonnebrocken mitsamt unserem Hund Peggy, und wir unternahmen etwas zusammen. Auch wenn die Kinder nicht viel von mir hatten, schenkten sie mir Liebe und Vertrauen. Das gab mir Kraft, um durchzuhalten.

Dann war es endlich soweit: Unser Haus war bezugsfertig! Ich hatte ein schönes Heim für meine Familie geschaffen, durch meiner eigenen Hände Arbeit. Mit meinen 28 Jahren war ich stolz auf mich. Jetzt hatte ich alles, was ich mir gewünscht hatte: eine Frau, zwei Kinder und ein Haus. Man könnte meinen, dass meine Geschichte hier glücklich endet. Aber es kam anders, etwas Merkwürdiges geschah. Meine Zufriedenheit über die erreichten Ziele und die geleistete Arbeit war nicht von Dauer. Ich fühlte mich wie getrieben: mehr, mehr, mehr. Ich konnte mein Glück nicht genießen, wurde bald schwermütig und phasenweise depressiv. Meine Seele fühlte sich krank an. Ich war mir selbst fremd und verstand überhaupt nicht, was mit mir geschah.

Meine innere Getriebenheit ließ mich nicht zur Ruhe kommen. Ich wollte mehr Geld und mehr Dinge besitzen, mehr erreichen, mehr arbeiten. Ich schaffte es einfach nicht, mit dem zufrieden zu sein, was wir hatten. Es fühlte sich wie eine Sucht an.

Ich arbeitete also weiter, so viel ich nur irgendwie konnte. Wie ein Hamster lief ich unentwegt im Rad, ohne Rast und Ruhe. Dabei schaute ich weder neben mich noch hinter mich. Immer nur volle Kraft voraus, weiter, weiter, weiter.

Eines Tages brach ich während der Arbeit zusammen. Ich hatte starke Schmerzen in der Herzgegend. Mit Verdacht auf einen Herzinfarkt wurde ich in die Klinik zu einem Kardiologen gebracht. Hier stellte sich heraus, dass ich Glück im Unglück hatte. Der Arzt diagnostizierte einen Erschöpfungszustand, es war eine deutliche Warnung meines Körpers. Er verwies mich direkt in eine psychosomatische Klinik, wo die »Verletzungen meiner Seele« behandelt werden sollten. Dass so manches hinter meinem »Vorhang« verborgen lag, muss er gleich gespürt haben.

Zufriedenheit und Selbstvertrauen lernen

Mir wurde bald klar, dass ich lernen musste, meine Kräfte einzuteilen und mein Leben ausgeglichener zu führen. In erster Linie wollte ich das für meine Familie tun. Meine Frau, die Kinder, sie hatten in den vergangenen Jahren viel zu wenig von mir gehabt. So war ich kein fürsorglicher, fröhlicher Vater, der ich immer sein wollte. Auf eine gewisse Art war ich so auch nicht viel besser als mein eigener Vater! Ich musste mein Leben ändern.

Der Bescheid kam von der LVA Karlsruhe, ich wurde zu einem sechs-wöchigen Aufenthalt in eine psychosomatische Kurklinik nach Sankt Blasien geschickt. Plötzlich sollte ich aus dem Sog von Arbeit, Haus und Familie herausgerissen werden. Ich hatte Angst davor, ohne diese Standbeine auskommen zu müssen, fürchtete mich unsagbar vor dem eigenen Scheitern, vor dem endgültigen Zusammenbruch meiner Kräfte, vor der Begegnung mit meiner misshandelten Seele. Mit aller Macht erklang die Stimme meines Vaters in meinem Kopf: »Du wirst nie ein richtiger Mann sein, du Feigling, aus dir wird nie etwas werden«. Würde er am Ende recht behalten? Hatte ich die letzten Jahre nur auf verlorenem Posten gekämpft? Hatte ich nur eine erfolgreiche Persönlichkeit vorgegeben, die gar nicht für mich bestimmt war? Mich überkam eine regelrechte Existenzangst.

Der Abschied fiel mir sehr schwer, weniger von meiner Frau, umso mehr von meinen Kindern. Meine Arbeit, die letzten Baumaßnah-men am Haus – alles einfach liegen lassen? Dagegen sträubte sich alles in mir. Aber ich spürte, der Abschied würde nötig sein, um ein neues Gleichgewicht zu finden. Ich fuhr mit dem Zug zur Klinik. Es war gar nicht so weit entfernt, wie es sich anfühlte. Am Bahnhof in Seebrugg wartete ein kleiner Bus, in den ich mit einigen ande-ren Patienten zusammen einstieg. Schweigend fuhren wir zur Klinik. Es kam mir vor, als würde ich nach einer Straftat in ein Gefängnis gebracht werden. Auf den letzten Metern zeigte sich dann aber, dass es ein recht modernes, schickes Gebäude war. Die Klinik lag oben auf einem Berg, mit wunderbarem Panoramablick. Mir kam es sehr merkwürdig vor – wie ein großes, schönes Hotel, bewohnt von lauter unglücklichen Menschen.

Was mich während der Kur am meisten beschäftigte, war die Sehnsucht nach meinen Kindern. Ich litt sehr unter der Distanz. Durch die radikale räumliche Trennung wurde mir die fehlende gemeinsame Zeit im Alltag noch viel stärker bewusst. Ich nahm mir von Herzen vor, nach dem Klinikaufenthalt mehr als bisher für meine Kinder da zu sein. Mir wurde schmerzhaft klar, dass ich die verlorene Zeit nicht mehr nachholen können würde. Ich wollte alles anders machen, am liebsten sofort. Mit weniger Besitz, Arbeit und gesellschaftlicher Anerkennung – und dafür mehr Familienleben und Glück. Es sind die unbezahlbaren Dinge, die das Leben letztendlich ausmachen.

Für uns Patienten gab es nur nach dem Abendessen die Möglichkeit, zu Hause anzurufen. Die drei Telefonzellen waren um diese Zeit immer weiträumig umlagert, Handys gab es noch nicht, also stellte ich mich hinten in der Reihe an. Auch in Zukunft würde ich lernen müssen, geduldig zu werden und nicht weiter durch das Leben und meine Pflichten zu hasten. Durch die Kraft meiner Hände würde ich die Last auf meiner Seele nicht verarbeiten oder wegschaffen können – auch wenn ich es mit aller Macht versuchte. In kurzer Zeit hatte ich so viel erreicht – mein zutiefst verletztes Selbstbewusstsein konnte überhaupt nicht hinterherkommen.

In den kommenden Jahren folgten noch weitere Kuraufenthalte, wo meinem überarbeiteten Körper und meiner geschwächte Seele wieder zu mehr Kraft verholfen wurde. Klar wurde bald, dass ich damit eine lebenslange Aufgabe zu bewältigen hatte.

Heute kann ich es klarer erkennen als damals: Ich war wie getrieben von dem Drang, mein Leben anders und besser zu meistern als mein Vater. Wie besessen habe ich Tag für Tag gearbeitet, die Ausmaße waren krankhaft geworden. Meinem Glück bin ich hinterhergerannt, ohne es wirklich greifen zu können. Dabei habe ich das Wichtigste versäumt: Das Leben im Jetzt und Hier zu genießen.

Die tief sitzende Angst davor, alles wieder zu verlieren und in ein ähnlich unglückliches Leben wie einst zurückzufallen, war mein ruheloser Antrieb. In mir brodelte Panik, dass mir Familie, Besitz, Arbeit und gesellschaftliche Anerkennung, all das, wieder abhandenkommen könnten. Ich könnte schwach werden und einfach aufhören zu funktionieren. Diese Angst war schließlich zur Wirklichkeit geworden. Ich musste erst körperlich und seelisch zusammenbrechen, um auf mein sinnloses Rennen im Hamsterrad überhaupt aufmerksam zu werden. Das heißt nicht, dass ich meine Rastlosigkeit von einem Tag auf den anderen überwinden konnte. Es gab kürzere und längere Phasen in meinem Leben, in denen ich es geschafft habe, glückliche Momente wunschlos zu genießen. Aber meine Arbeit an dieser »Lebenskunst« dauert bis heute an.

Der Lebenstraum gerät ins Wanken

Weiter geht meine Geschichte hier im Frühjahr 1984, ich war gerade wieder in einer psychosomatischen Kur. Meine Frau rief mich an und ließ mich am Telefon kurz und knapp wissen, dass es zwischen uns endgültig aus sei. Ich könne mir schon einmal Gedanken über die Scheidung machen. Diese Botschaft fuhr in mich hinein wie ein Stromschlag. Ja – die Alltagssorgen hatten an unserer Beziehung genagt. Wir funktionierten nebeneinander her, ohne Zeit füreinander zu haben. Aber ich hätte nie erwartet, dass Inge plötzlich alles aufgeben und sich von mir trennen würde. Ich war wie elektrisiert, für mich gab es nur eine passende Reaktion: Koffer packen, Kur abbrechen und sofort zurück nach Hause zu meinen Kindern. Ich sprach kurz mit den behandelnden Ärzten über meine Situation. Sie wollten mich umstimmen, aber ich war schon mit einem Bein aus der Tür hinaus. Die Situation musste sofort geklärt werden. Ich wollte bei allen kommenden Entscheidungen mitwirken und nicht vor weitere vollendete Tatsachen gestellt werden. Wie von Sinnen raste ich mit dem Auto nach Hause. Es hatte viel geschneit an diesem Tag, eine Höllenfahrt – ich hatte großes Glück, dass ich keinen Unfall gebaut habe. Würde Inge mir Simone und Nicole wegnehmen wollen? Waren die Mädchen womöglich schon gar nicht mehr zu Hause?
Meine Verlustängste kreisten um meine Kinder, weniger um meine Frau. Meine Liebe zu ihr war auch nicht mehr das, was es einmal gewesen war. Aber ich wäre sicher bereit gewesen, weiter für unsere Beziehung zu kämpfen. Als ich zu Hause ankam, lief ich rastlos durch jedes Zimmer und fand niemanden vor. In meiner Panik fiel mir dann endlich ein, dass die beiden Mädchen noch in Kindergarten und Schule sein müssten. Als die Nachbarin dann die Kleine vom Kindergarten nach Hause brachte und auch Simone von der Schule kam, fiel mir ein großer Stein vom Herzen. Die Kinder waren überrascht, mich zu sehen, weil sie mich erst nach der Kur, drei Wochen später, erwar-

tet hatten. Dagegen erstaunte Inge meine Anwesenheit nur wenig: »Typisch Hans, immer muss alles sofort geregelt werden, aber da spiele ich nicht mit«. Sie hatte noch zwei Stunden Zeit für mich – dann war sie verabredet.

Jetzt wurde es erst richtig bitter für mich: Inge hatte offensichtlich einen Verehrer, die neue Flamme loderte schon. Sie verbrachte lange Zeit im Bad und machte sich aufwendig zurecht. Dabei bekam ich auch noch ihre neue Unterwäsche zu sehen, die für einen anderen bestimmt war. Ich versuchte, diesen Peitschenhieben auszuweichen und einen möglichst kühlen Kopf zu bewahren. Ich stellte sie zur Rede, die Fragen brannten mir auf der Seele. Ich wollte wissen, was sie vorhatte, was mit unserer Familie passieren würde. Sie grinste mich nur hämisch an und sagte, sie wäre ja sowieso immer mit den Kindern alleine gewesen, weil ich meine ganze Zeit nur mit der Arbeit verschwendet hätte. Ich warf zurück, dass ich das nur für uns und unsere Familie getan hätte. Ich musste dafür sorgen, dass der gewünschte Wohlstand erhalten blieb, zudem musste das Haus gebaut und finanziert werden. Damit wollte sie dann gar nichts mehr zu tun haben, das seien meine Herzenswünsche gewesen, nicht ihre. Damit ließ sie mich sitzen und verabschiedete sich von den Kindern mit den Worten: »Der Papa hat jetzt ganz viel Zeit, der passt auf euch auf«. Sie blieb die ganze Nacht weg.

Dieses gemeine, ja widerwärtige Spiel ging erst einmal so weiter. Wir lebten noch zusammen in einem Haus, und ich musste es ertragen, dass meine Frau sich von mir getrennt hatte und auch noch sofort mit einem Arbeitskollegen zusammengekommen war. Ich war völlig durcheinander und fühlte mich meinem Schicksal ganz und gar ausgeliefert. Nur eines war klar: Für das Wohl meiner Kinder würde ich mit aller Macht kämpfen. Ich klammerte mich immer noch an die verzweifelte Hoffnung, dass Inge zu mir zurückkommen würde und unsere Familie bestehen bleiben könnte. Sie aber wollte ein ganz neues Leben führen, in eine eigene Wohnung ziehen, sich ein anderes Umfeld aufbauen, »sich selbst finden«. Das alles hatte sich schon so sehr in ihrem Kopf festgesetzt, dass sie ihre neue Existenz mit allen Mitteln schnellstmöglich durchsetzen wollte – zur Not auch ohne die Kinder. Dieses bittere Zusammenleben war auch für mich unerträg-

lich. In meiner endlosen Gutmütigkeit, die ich heute als »treudoof«
bezeichnen würde, besorgte ich ihr auch noch eine neue Arbeitsstelle,
gekoppelt mit einer Dreizimmerwohnung. Es war eine Stelle als Hausmeister, ich musste auch noch ihren Arbeitsvertrag unterschreiben.
Der Arbeitgeber suchte einen erfahrenen Handwerker. Wir verein-
barten, dass ich mich um die technischen Arbeiten kümmern würde,
während sie Verwaltungsaufgaben und Putzarbeiten erledigen würde.
Sie war immer noch die Frau meiner Kinder – ich wollte, dass ihre
Existenz gesichert war. Trotzdem hätte ich bei diesem grausamen
Spiel nicht mitspielen dürfen. Es machte mich endgültig zum Opfer
und ließ mich noch erniedrigter zurück, als ich es ohnehin schon war.
Mein Selbstwertgefühl war ganz unten, die Macht über mein Leben
entglitt mir wie ein Stück Seife. Ich ließ alles geschehen und konnte
mich kaum wehren. Die Hauptsache war, dass die Kinder bei mir bleiben würden – dafür war ich bereit, alles zu tun.

Meine Frau wiederum bekam endgültig Oberwasser. Immer wieder
flatterten Briefe von ihrem Anwalt mit neuen Forderungen ins Haus.
Glücklicherweise hatte ich den Wert des Hauses schon in früheren
Zeiten von einem Gutachter schätzen lassen, sodass ich dazu etwas in
der Hand hatte. Wir schafften es dann auch, uns noch einmal zusam-
menzusetzen und unsere jeweiligen Forderungen schriftlich festzuhalten. In diesem Dokument legten wir einvernehmend fest, dass ich mit
den Kindern im Haus wohnen bleiben würde. Das von mir gebaute
Haus würde ich in den kommenden fünf Jahren verkaufen und ihr von
dem Betrag die Hälfte ausbezahlen. Ich konnte noch erreichen, dass
meine Frau beiden Kindern jeweils ein Sparkonto von 10.000 Mark
einrichtete.

Wir ließen das Schriftstück von einem Notar beglaubigen. Damit war
für mich die finanzielle und rechtliche Seite unserer Trennung erledigt. Sie gab aber immer noch keine Ruhe und rief mich einige Zeit
später an: Das Dokument sei ungültig und rechtswidrig. Ich verteidigte die gemeinsam erfolgte Regelung – sie beschimpfte mich als
Betrüger und Lügner. Unter diesen Umständen wollte und konnte ich
nicht mehr mit ihr über diese Dinge sprechen, das sollten von nun an
unsere Anwälte übernehmen.

Kampf um eine neue Existenz

Ich blieb zurück mit den beiden Mädchen, einem unbezahlten Haus und einem Berg von Schulden. Meine Befürchtungen, der neuen Rolle als alleinerziehender Vater nicht gerecht zu werden, waren groß. Würde ich die Kinder gut versorgen können? Würde ich es trotzdem schaffen, unseren Lebensunterhalt zu sichern?

Eine unbeschreiblich große Verlustangst lastete auf mir wie ein ständiger Schatten. Ich fürchtete mich schrecklich davor, das Haus oder gar die Kinder zu verlieren. Mein ganzes Leben schien auf der Kippe zu stehen, oft kam es mir vor wie ein böser Traum. Würde ich am Ende ganz alleine zurückbleiben? Alle meine Träume, die erreichten Ziele, mein Lebenssinn waren plötzlich in neuer, ungeahnter Gefahr.

Jeden Abend und jedes Wochenende verbrachte ich mit den Kindern. Wenn wir zusammen sein konnten, widmete ich mich ihnen ganz, mit Haut und Haar. Durch die Trennung und die neue Situation waren wir drei näher zusammengerückt, unsere Bindung war tiefer und stärker geworden. Das war schön und tröstete mich. Ich hatte mir fest vorgenommen, mehr Zeit als früher mit ihnen zu verbringen und tat, was ich konnte. Dennoch musste ich natürlich weiter arbeiten gehen, um unser Leben zu finanzieren. Glücklicherweise halfen mir unsere Nachbarn und meine Mutter dabei, die Kinder tagsüber zu versorgen.

Im Alltag gab ich alles, meine ganze Kraft und Energie, um unser damaliges Leben so zu bewahren und um meine Verlustängste so klein wie möglich zu halten. Ich war sehr stolz auf mich und meine Kinder, dass wir die neue Situation überhaupt meisterten – wenn auch mit traurigen Herzen.

Glücklicherweise war ich bei meiner Arbeitsstelle zum Supervisor aufgestiegen und trug jetzt die Verantwortung für 60 Handwerker. Von meinen kanadischen Vorgesetzten erhielt ich in dieser schweren Zeit besonders viel Vertrauen und Unterstützung. Weil sie mit meiner

Leistung sehr zufrieden waren, durfte ich mir kurzfristig freinehmen, wann immer es nötig war. Noch ungewöhnlicher war, dass meine kleine Nicole nach dem Kindergarten bei mir im Büro bleiben durfte. Sie spielte so lange in meinem Zimmer, bis ich Feierabend hatte. Ich denke nicht, dass so eine unbürokratische Menschlichkeit bei einem deutschen Arbeitgeber möglich gewesen wäre.

Auf den zusätzlichen Nebenjob war ich eigentlich finanziell angewiesen, damit ich den Kredit abbezahlen konnte. Um etwas mehr Zeit für die Kinder übrig zu haben, gab ich die Nebenbeschäftigung aber schließlich doch auf. Die viele Arbeit stieg mir zeitweise über den Kopf. Mit einem Schlag musste ich den Lebensunterhalt für drei Personen verdienen, die beiden Kinder versorgen und unseren Haushalt erledigen. Ich putzte, räumte auf, wusch die Wäsche, kochte das Essen und tat alles, was es zu erledigen gab. Zeitweise wusste ich nicht mehr, wo mir der Kopf stand, ob ich Mann oder Frau war. Auch am neuen Haus gab es noch immer wichtige unerledigte Arbeiten zu bewältigen. Nicht zuletzt brauchte meine kranke Mutter Hilfe und Fürsorge. Für mich selbst blieb dabei keine Zeit mehr übrig. Wenn ich abends die letzten Arbeiten erledigt hatte, setzte ich mich aufs Sofa und schlief sofort ein. Mein Hamsterrad drehte sich schneller und schneller, sodass mir bei all dem Funktionieren ganz schwindlig wurde. Ich war weiterhin in psychologischer Betreuung, sonst hätte ich die große Verantwortung und die vielen Anforderungen kaum bewältigen können. Mit meiner Frau gab es immer wieder Zerwürfnisse wegen der Kinder. Sie hatte jetzt ein neues Leben, auf das wir uns einzustellen hatten. Sie nahm die Mädchen nur dann zu sich, wenn es gerade in ihre Planung passte. Wollten die Kinder sie spontan besuchen oder brauchte ich kurzfristig eine Betreuung, wurden wir abgewimmelt. Darunter litten die Kinder noch mehr als ich. Oft war ich verzweifelt darüber, dass wir Erwachsenen uns zum Wohl der Kinder nicht vernünftiger einigen konnten. Aber ich konnte nicht aus meiner Haut heraus, die Probleme mit Inge waren zu massiv und zu verletzend. Meine gekränkten Gefühle machten es mir unmöglich, mich ihr gegenüber sachlich zu verhalten. Unter diesem Elternkrieg müssen die Kinder furchtbar gelitten haben. Das tut mir bis heute leid.

In dieser schweren Zeit stand mir mein Freund Günter zur Seite. Er war in der Zwischenzeit aus Berlin zurückgekehrt und wohnte wieder in der alten Heimat, nicht weit von uns entfernt. Günter spürte meine schweren Sorgen, rüttelte mich wach und holte mich zurück ins Hier und Jetzt – weg von meinen traurigen Gedanken an die Vergangenheit, weg von meinen gewaltigen Zukunftsängsten. Er zog mich im wahrsten Sinne raus aus dem Haus: Wenn die Kinder abends schliefen, gingen wir manchmal zusammen ins Tanzcafé »Flügel«. Ich war dabei, ohne wirklich da zu sein. Die allgegenwärtigen Gedanken an meine gewaltigen Aufgaben als Alleinerziehender, Hausmann und Angestellter hielten mich in meiner Welt gefangen. Obwohl ein Babysitter bei den Mädchen war, trieb es mich früh wieder nach Hause. Ich wollte zurück zu meinen Kindern, ich hatte Angst um sie. Bei ihnen war mein Platz.

Der leere Stuhl an meiner Seite machte mich oft sehr traurig. Ich fühlte mich wie ein halber Mensch, der dennoch zwei Leben ausfüllen musste. Die Sehnsucht war groß, mein Selbstwertgefühl dagegen schwach. Auch mein Vertrauen gegenüber Frauen hatte nach dieser Erfahrung gelitten. Aber ich wollte nicht alle weiblichen Wesen über einen Kamm scheren und empfand Frauen gegenüber nach wie vor einen großen und ehrlichen Respekt. Diese Haltung war zweifellos von meiner Mutter geprägt. Wie ein Löwe hatte sie für uns Kinder gekämpft, nach all den furchtbaren Erfahrungen schaute sie trotzdem immer wieder nach vorne in Richtung Zukunft. Trotz des Ungeheuers an ihrer Seite hatte sie auch die Männerwelt nie ganz verdammt. In diesen Tagen war sie wieder einmal ein besonders wichtiges Vorbild für mich. Mein Wille, nach vorne zu schauen, wurde größer, wenn ich an sie dachte. Dennoch musste ich die Trauer um meine Ehefrau und die Mutter meiner Kinder bewältigen. Es folgte eine Zeit, in der ich mich vor den leichten, schönen Dingen des Lebens ganz und gar verschloss.

Ich war auch nicht dazu bereit, eine andere Frau kennenzulernen. Wenn ich mit Günter abends ausging, befremdete mich das Paarungsverhalten der anderen, und ich kam mir wie ausgeschlossen vor. Nach wie vor war mein Selbstvertrauen Frauen gegenüber mehr als bescheiden. Von Inge hatte ich in dieser Hinsicht kaum Bestärkung erfahren. Wenn sie von tollen Männern gesprochen hatte, waren immer andere gemeint.

Ein Ende mit Schrecken

Zu meiner Trauer um die gescheiterte Ehe mit der Mutter meiner Kinder kam eine unbeschreibliche Wut: Inge hatte sich schnell und einfach mit einer neuen Beziehung getröstet. Ich blieb alleine und verlassen zurück. Meine Verzweiflung wuchs, ich fühlte mich noch einsamer, als ich es ohnehin schon war. Wer war dieser Mann, der mich so schnell ersetzt hatte, was wollte er, was würde er mir noch nehmen? Unsere Existenz war bedroht. Ich fürchtete, dass mir mein Leben noch mehr entgleiten würde, dass ich am Ende alles verlieren könnte: meine Kinder, mein Haus – alles, was ich mir aufgebaut hatte, schien von diesem Feind bedroht zu sein.

Ich musste mit ihm reden, mein Hab und Gut schützen, Grenzen abstecken. Ich verabredete mich mit ihm in einer Kneipe. Er brachte seinen Schäferhund mit, und ich sagte ihm gleich, dass ich nicht vorhätte, ihm etwas anzutun. Ich wolle nur einige Dinge mit ihm klären. Es sei nicht schön, in eine Ehe einzudringen, aber ich würde ihm deswegen keine Steine in den Weg legen. Er könne meine Frau mit Haut und Haaren haben. Dann sprach ich in meiner verzweifelten Angst eine mörderische Drohung aus: Wenn er versuchen würde, meine Kinder und mein Haus auch noch an sich zu reißen, würde ich sie alle umbringen – ihn, meine Frau und seinen Hund dazu. Dann hätte ich nichts mehr zu verlieren und könne auch den Rest meines Lebens im Gefängnis verbringen. Mein Leben wäre dann ohnehin verpfuscht. Nach diesen wenigen Sätzen war unser Treffen zu Ende. Einige Tage später rief mich Inge an und war außer sich vor Wut. Ich hätte das alles nicht sagen dürfen und würde ihr und ihrer neuen Beziehung nur schaden wollen. Bestimmt war ich tatsächlich zu weit gegangen, aber ich fühlte mich existenziell bedroht und wollte mein Leben mit den Kindern schützen.

Dann wurde es amtlich. Meine zerrissene Familie musste die Scheidung und das Urteil zum Sorgerecht bewältigen. Die jeweiligen

Lebensumstände von Inge und mir wurden vom Jugendamt kontrolliert. Unangemeldet stand eines Nachmittags eine Mitarbeiterin vor unserer Tür. Sie wollte sich die Wohnsituation ansehen und stellte viele Fragen. Ich musste unseren Tagesablauf genau darlegen, wie und mit wem meine Kinder zu Kindergarten und Schule kämen, benannte die jeweiligen Personen mit Aufsichtspflicht. Meine Mutter war zu diesem Zeitpunkt gerade anwesend, sodass ich sie gut mit einbinden konnte. Das Haus war in einem ordentlichen, aufgeräumten Zustand.

Die Situation als Alleinerziehender war Neuland für mich, die Angst, meine Kinder zu verlieren, saß tief. Dementsprechend war ich sehr unsicher – woher hätte ich auch die Erfahrung für diese Situation nehmen sollen. Aber als die Mitarbeiterin des Jugendamts unser Haus wieder verließ, war ich erleichtert und hatte das Gefühl, diese Hürde gut gemeistert zu haben.

Der Scheidungstermin rückte näher. Wir mussten schließlich alle vor dem Familienrichter antreten, auch die Kinder. Nach den Aussagen von Inge und mir wurde unsere Scheidung offiziell für gültig erklärt. Dann waren die Kinder und das Sorgerecht an der Reihe. Ich versuchte, ruhig zu bleiben und meine innere Anspannung so gut wie möglich im Griff zu behalten. Zuerst wurde Simone aufgerufen und vom Richter befragt, bei welchem Elternteil sie in Zukunft leben wolle. Sie blieb lange Zeit stumm und sah immer wieder zu mir, dann wieder zu ihrer Mutter. Es hat mir fast das Herz gebrochen, dass wir das Kind in so einen schlimmen Konflikt gebracht hatten. Schließlich sagte Simone, dass sie bei ihrer Mutter bleiben wolle. Ich habe versucht, ihr gut zuzureden, sagte ihr, dass ich ihr nicht böse sei und dass es eine furchtbar schwere Entscheidung wäre. Meine Tür würde immer offen für sie bleiben, sie sei jederzeit von Herzen willkommen. Für Nicole war die Sache klar: Sie sagte gleich, dass sie bei ihrem Papa bleiben wolle. Aber sie war auch noch so klein und wollte einfach ihr bisheriges Leben behalten. Sie konnte noch gar nicht verstehen, wie ihr geschah.

Damit war unsere Familie offiziell zerrissen. Auch die beiden Schwestern wurden an diesem Tag voneinander getrennt. Sie trafen sich nur noch während der Besuchszeiten bei ihrer Mutter oder wenn Simone bei uns vorbeikam.

Heute würde ich eine solche »Aufteilung« von Geschwisterkindern nicht mehr zulassen. Meine Töchter haben bis heute keine gute Beziehung zueinander, ihr Kontakt ist mittlerweile sogar ganz abgebrochen. Darüber bin ich zutiefst traurig. Sie gehören zusammen, ich wünsche mir sehr, dass sie sich gegenseitig stützen, auch wenn ich einmal nicht mehr lebe. Ich kann sie auch nicht mehr gemeinsam sehen, sondern immer nur getrennt voneinander.

Ich bin sicher, dass die räumliche Trennung nach der Scheidung den Anfang für dieses Zerwürfnis gesetzt hat. Deswegen habe ich ein schlechtes Gewissen. Damals war ich heilfroh, dass wenigstens ein Kind bei mir geblieben ist. Mein Leben wäre mir sonst unerträglich sinnlos vorgekommen. Ich hatte große Angst, die Beziehung zu meinen Kindern für immer zu verlieren – heute weiß ich, dass das nie passiert wäre.

Wenn ich es noch einmal anders machen könnte, würde ich meine eigenen Interessen mehr in den Hintergrund stellen und alles dafür tun, damit die Kinder weiterhin zusammen bei einem Elternteil zusammenleben können.

Zaghafte Versuche

Bei all meinen Sorgen und Ängsten, der Anspannung und meinen nicht enden wollenden täglichen Pflichten hatte ich es dringend nötig, auch einmal zu entspannen und auf andere Gedanken zu kommen. Mein Hamsterrad drehte sich wieder rasend schnell, ohne Pause. Es war kurz vor unserer offiziellen Scheidung, beide Kinder lebten noch bei mir, als Simone trotz ihres kindlichen Alters meine Not erkannte. Sie redete mir gut zu: »Papa, du kannst gerne ohne uns ausgehen. Du brauchst dir keine Sorgen um uns zu machen. Ich passe auf Nicole auf«. Diese wunderbaren Worte bestärkten mich sehr. Natürlich war trotzdem immer ein Babysitter da, wenn ich nicht zu Hause war. Aber die seelisch-moralische Unterstützung von Simone gab mir ein gutes Gefühl. Mir wurde bewusst: Ich darf ausgehen, ich darf Spaß haben, ich darf eine Frau kennenlernen.
Ich begann, Vergnügen daran zu bekommen, mich zurechtzumachen. Ich kaufte mir etwas Neues zum Anziehen, pflegte mich und sah wieder öfter in den Spiegel. Eine neue Haltung wollte schließlich auch anders verpackt sein. War ich dann allerdings mit Günter abends unterwegs, war mein Mumm schnell wieder verflogen. Schon, wenn ich am Eingang des Tanzlokals die ersten Töne der Musik hörte, spürte ich das große Flattern. Drinnen angekommen, fiel meine frische Hülle geradewegs wieder von mir ab. Auf meiner Stirn schien die Botschaft zu stehen: »Meine Frau hat mich verlassen«. So kam es mir jedenfalls vor – meine Unsicherheit war furchtbar groß. Ich setzte mich immer an denselben Platz an der Bar, in der Nähe des Eingangs. Hier hätte ich schnell flüchten können. Bei einem Spätburgunder Rotwein beobachtete ich die vielen guten Tänzer, die mir gefühlsmäßig um Welten voraus waren. Musik mochte ich sehr, und ich wagte auch hin und wieder einige vorsichtige Schritte auf der Tanzfläche. Es gab einige Lieblingslieder, die

schöne Gefühle in mir auslösten – aber ich hätte es nie gewagt, eine Frau zum Tanzen aufzufordern. Ich kannte eine Bedienung hinter dem Tresen, für die ich einige Elektro-Installationen ausgeführt hatte. Mit ihr kam ich schnell und unkompliziert ins Gespräch und war dann nicht mehr ganz so allein auf weiter Flur.

Die Erscheinung

In diesem Tanzlokal entdeckte ich eines Abends eine weibliche Bedienung, die in meinen Augen eine auffällige Schönheit war – eine wahre Augenweide. Ich beobachtete sie aus der Ferne, bemühte mich aber, sie nicht unentwegt anzustarren. Ihren körperlichen Reizen erlag ich schließlich ganz und gar: Sie besaß ein umwerfendes Lächeln und ein einnehmend freundliches Wesen. Ihre Bluse war am Rücken weit ausgeschnitten, sodass man ihren schönen Körper erahnen konnte. Dazu die strammen Schenkel und der knackige Hintern – ich war wie in Trance. Auch wenn ich um eine möglichst gelassene Haltung rang, bemerkte sie meine Blicke und schenkte mir manchmal sogar ein bezauberndes Lächeln. So verstrichen einige Abende, und ich fand keinen Mut, sie anzusprechen. Ich träumte von ihr, aber ich rechnete mir keinerlei Chance aus, jemals bei ihr zu landen. Ich konnte mir nicht einmal vorstellen, dass sie es interessant finden könnte, sich mit mir zu unterhalten. Schließlich gab sie ihre Arbeit als Bedienung auf, glücklicherweise besuchte sie das Tanzlokal aber weiterhin als Gast. Sie wurde von vielen guten Tänzern auf die Tanzfläche geführt. Still und heimlich bewunderte ich ihre ganze Pracht aus der Distanz.

Eines Abends ging sie nach dem Tanzen zurück zu ihrem Platz, dabei kam sie an mir vorbei. Weil es so eng war, stand ich auf, um sie vorbeizulassen. Dabei trat ich ihr auf den Fuß – und wäre am liebsten gleich im Erdboden verschwunden. Mit hochrotem Kopf entschuldigte ich mich bei ihr. Das Ungeschick schob ich auf meine großen Füße mit der Schuhgröße 46. Sie lächelte mich an und erwiderte, dass es nicht so schlimm sei. Dann fügte sie tatsächlich noch hinzu: »Sie haben ein sehr gutes Parfum, was ist das für ein Duft?« Ich war so perplex, dass ich erst eine ganze Weile nachdenken musste, bis schließlich doch noch der Name »Kouros« über meine Lippen kam. Dann näherte sich mein Freund Günter und setzte sich neben sie, auf die andere Seite. Wortreich unterhielt er sich mit der schönen Frau und fand auch direkt ihren Namen heraus: Carola. Mir war etwas unwohl zumute, denn ich fürchtete, sie könnte womöglich noch Gefallen an Günter finden. Im Gegensatz zu mir redete er sehr viel, was einigen Frauen gut gefiel. Aber Carola und ich blieben auch ohne Worte miteinander verbunden. Sie schaute immer wieder zu mir, und ihre Blicke forderten mich zu mehr Initiative auf. Sie gab mir das eindeutige Gefühl, dass sie sich für mich interessierte. Das machte mich so glücklich, dass ich alles andere um mich herum vergaß. Ich war ganz und gar in Carolas Bann und genoss die Nähe meiner Angebeteten. Plötzlich fühlte ich mich wieder unbeschwert und leicht. Sorgen, Ängste, Überanstrengung, die gescheiterte Ehe – alles war vergessen, wenn ich mit ihr zusammen war. Nur meine Kinder, die waren immer präsent. Auch in meinem liebestollen Kopf behielten sie jederzeit ihren Platz.

Die »Erscheinung« verabschiedete sich schließlich und sagte, dass sie am nächsten Morgen früh aufstehen müsse. Ich sah mein Glück wieder schwinden und wurde unruhig. Aber sie nahm ein Stück Papier von dem Würfelzucker ihres Kaffees und schrieb mir zwei Telefonnummern auf. Ich hatte also noch etwas von ihr in der Hand, wir würden uns wiedersehen. Ich freute mich bis in die Zehenspitzen.

Das Wiedersehen

Carola hatte mir erzählt, dass sie an Weihnachten zu ihren Eltern reisen würde. Ich hatte in diesen Tagen eine Fahrt nach Stuttgart geplant. Ich wollte das Haus verkaufen, und dort wohnten interessierte Käufer. Es ging darum, noch einige Punkte im Kaufvertrag zu besprechen. Meine Kinder konnte ich so lange bei meiner Mutter unterbringen. Somit hätte ich eigentlich den Kopf für den Hausverkauf freigehabt – aber meine Gedanken drehten sich nur um das wunderbare Wesen, das in mein Leben getreten war. Ich war schwer verliebt und kaum noch Herr über meine Gedanken. Ich träumte, fantasierte und spann vor mich hin. Ein wunderschönes, warmes und lebendiges Gefühl hatte Besitz von mir ergriffen. Das hatte ich so noch nicht erlebt, und ich gab mich dem gerne hin. Dabei merkte ich aber auch, dass ich auf mich selbst aufpassen musste, damit ich den Kontakt zur Realität nicht verliere. Es gab ja vieles, das ich regeln musste – und dazu brauchte ich ein verlässliches Hirn.

Als ich wieder zu Hause war, setzte ich mich in mein Schlafzimmer, das ich nach Inges Flucht als Erstes neu eingerichtet hatte. Nach einer Weile griff ich schließlich nach dem Telefon, nahm meinen ganzen Mut zusammen und rief bei ihren Eltern an. Carola hatte mir diese Telefonnummer gegeben. Ich wollte gerade wieder auflegen, als eine männliche Stimme zu hören war. Nach dem ersten Schreck beruhigte ich mich schnell wieder, da er sich mit demselben Nachnamen gemeldet hatte. Ein verliebter Kopf braucht manchmal eben etwas länger zum logischen Denken. Aber er machte es mir leicht und sprach gleich davon, dass seine Schwester gerade nicht da sei. Er fragte nach meiner Telefonnummer, die ich gerade noch zusammenbekam. Mit heftigem Herzklopfen verharrte ich in Warteposition und sehnte ihren Rückruf herbei. Ich war alleine zu Hause, die Kinder waren gerade bei meiner Mutter; am folgenden Tag würde ich sie wieder abholen. Die Minuten verstrichen, als wären es Stunden. Dann klingelte das Telefon. Mein Herz fing wieder an zu rasen. Carola und ich fanden direkt wieder einen Draht zueinander und plauderten gleich drauf los. Ihre Stimme elektrisierte mich, am liebsten hätte ich ihr die ganze Nacht zugehört. Unser Gespräch dauerte etwa eine halbe Stunde. Sie erzählte, dass sie am nächsten Tag zurückfahren würde und noch einen Bekannten besuchen wolle. Im selben Atemzug schlug sie vor, dass wir den Silvesterabend zusammen verbringen könnten. Sie schlug Tanzlokale wie die »Hazienda« in Offenburg oder den »Heuboden« in Freiburg vor. Das versetzte mich endgültig in Hochspannung. Wir machten aus, dass ich sie am Silvesterabend bei ihr zu Hause abholen würde. Ihr lag also tatsächlich etwas daran, mich wiederzusehen. Das musste ich erst einmal begreifen.

Als der Tag unseres Wiedersehens gekommen war, holte ich meine Mutter ins Haus, damit sie bei den Kindern blieb. Sie hatte sich etwas erkältet, war aber wie immer einsatzbereit. Es dauerte fast zwei Stunden, bis ich mich fertig gemacht hatte. Ich wollte Carola unbedingt gefallen und tat dafür mein Bestes. Auch neue Kleider hatte ich mir gekauft, um möglichst gut dazustehen. Was sie wohl anhaben würde? Auch darauf war ich gespannt; gleichzeitig war ich sicher, dass ihr einfach alles gut stehen würde. Dann ging es los, die hoffnungsvolle Fahrt ins neue Glück. Nach langem aufgeregtem Suchen fand ich ihr Zuhause. Sie kam gleich aus dem Haus und lief in meine Richtung. Ich ging ihr ein Stück entgegen und öffnete die Autotür für sie. Bis dahin hatte ich mich nur auf mich selbst konzentriert. Ich wollte alles richtig machen und einen möglichst selbstsicheren Eindruck abgeben. Es war gar nicht so leicht, meine wackligen Knie und die zitternden Hände zu überspielen. Als sie sich dann tatsächlich in mein Auto setzte und ich sie das erste Mal näher betrachtete, wallte die Verliebtheit wieder auf. War diese märchenhafte Erscheinung tatsächlich in mein Auto eingestiegen oder war es nur ein Traum? Ich war überwältigt und sprachlos vor Überraschung. Wow! Was für eine umwerfende Frau. Ihre ganze Erscheinung, dieser Duft, ihr Lächeln, ihr Hosenanzug mit all dem wunderbaren Inhalt darin.

Der ganze Abend verlief traumhaft. Ich wagte es, mit ihr zu tanzen und genoss es unendlich, die »Erscheinung« ganz real im Arm zu halten. Um Mitternacht stießen wir mit Sekt an, unsere Lippen berührten sich. Dann schwebten wir weiter auf eine andere Tanz-veranstaltung. Erst in den frühen Morgenstunden brachte ich sie zurück zu ihrem Haus. Ich durfte bleiben. Am nächsten Mittag fuhr ich wieder zurück in meine Welt.

Noch auf der Heimfahrt schien ich dahin zu fliegen, auch wenn mich die Gedanken an meine Kinder plötzlich mit aller Macht einholten. Zuhause stellte sich heraus, dass meine Unruhe unnötig gewesen war. Meine Mutter und die Kinder waren wohlauf und hatten sich gut selbst versorgt. Auch sie hatten ein kleines Silvesterfest hinter sich. Meine Mutter sah mir mein Glück gleich an. Wegen ihrer Erkäl-tung fuhr ich sie gleich in ihr Zuhause zurück.

Altbekannte Selbstzweifel

Ich wollte, aber ich konnte nicht warten: Noch am selben Tag rief ich Carola wieder an. Sie war noch etwas zerknittert, machte mir aber gleich den Vorschlag, dass sie uns am selben Abend besuchen käme, um für uns zu kochen. Vor Sprachlosigkeit rang ich erneut um Worte – natürlich war ich einverstanden.

Ich weihte meine Mädchen ein und sagte ihnen, dass ich eine Frau kennengelernt hatte, die uns nun besuchen kommen würde. Gleich begann ich aufzuräumen, zu putzen, die Wohnung zu dekorieren und passende Musik auszusuchen. Ich spürte Angst und große Nervosität. Meine alte Unsicherheit kam wieder hoch, ohne dass ich etwas dagegen tun konnte. Konnte ich dieser Frau tatsächlich gefallen? Meinte sie es ernst mit mir? War ich womöglich nur ein Abenteuer für sie, eine Durchgangsstation? Würde sie mit mit meiner Lebenssituation zurechtkommen? Würden meine Kinder sie mögen? Unsere Beziehung war noch so frisch und sollte nun gleich einen Härtetest bestehen. Carola war zwölf Jahre jünger als ich. Als alleinerziehender Vater konnte ich kein Abenteuer gebrauchen, es hätte mich womöglich ganz aus der Bahn geworfen. Ich konnte nur wagen und hoffen, was ich inständig tat. Ich fing sogar an zu beten: »Lieber Herrgott, lass diese Liebe wahr und beständig sein. Lass mich alles richtig machen und uns alle zu Ruhe und Zufriedenheit kommen«.

Ich fühlte mich nach wie vor nicht als »richtiger« Mann und hatte kaum Selbstvertrauen. Zu sehr war ich geprägt von meinem Aufwachsen als Flüchtling, als minderwertiger Mensch zweiter Klasse. Zu stark hatte der eigene Vater meine Unfähigkeit wieder und wieder festgemauert. Auch von meiner Frau Inge hatte ich kaum Anerkennung erfahren. War ich richtig so, wie ich war? War ich liebenswert – war ich es wert, geliebt zu werden? Die altbekannten Zweifel drohten mich wieder klein zu kriegen. Es klingelte an der Tür – und da stand sie mit einem vollen Einkaufskorb und ihrem umwerfend freundlichen Lächeln. Carola machte es mir leicht, an ihre ehrlichen Gefühle für mich zu glauben. Ihr Leibreiz, ihre Intelligenz, ihr Verlangen nach mir – es war wie ein wunderbarer Traum, und ich hatte Schwierigkeiten, diesen Traum als Wirklichkeit zu fassen. Alles, was sie tat, war liebevoll. Sie kochte für uns alle und deckte den gemeinsamen Tisch mit Kerzenlicht und Servietten. Das kannte ich bis dahin nicht. Zuvor war es meist so gewesen, dass jeder schnell etwas für sich auf die Hand gegessen hatte. Plötzlich war da dieses Gemeinschaftsgefühl, meine Kinder mit eingeschlossen. Sie mochten Carola, die so freundlich und unkompliziert auf sie zuging.

Morgens wachten wir zusammen auf und kuschelten. Es war noch Winter, draußen schneite es. Dann frühstückten wir alle gemeinsam. Ich war selig, das hatte ich mir immer gewünscht. Carola gab mir Wärme, Harmonie, ein Gemeinschaftsgefühl. Wenn ich Zuwendung brauchte, spürte sie es gleich und kam auf mich zu. Ich musste nie um Liebe und Anerkennung betteln – so wie es vorher immer wieder gewesen war. Die Zeit verging, und die Anziehungskraft zwischen uns blieb weiterhin stark. Es fühlte sich an wie ein Magnet, der in uns beiden verborgen zu sein schien und uns zusammenhielt. Auch nach vielen schönen Stunden voller gemeinsamer Unternehmungen klebten wir weiter aneinander. Sogar ohne zu reden konnten wir gut beisammen sein. Wir gingen ins Kino, unternahmen Wanderungen, erkundeten die Gegend und gingen zusammen tanzen. Ich hielt mich selbst für einen schlechten Tänzer und die Vergleiche mit anderen gaben mir allen Grund dazu. Carola fand alles an mir bezaubernd, sie tanzte gern mit mir. Das war Nahrung für meine ausgehungerte Seele.

Erzwungene Distanz

Dann stand unsere erste räumliche Trennung bevor. Schon bevor ich Carola kennenlernte, hatte ich mit Günter zusammen einen Urlaub gebucht. Es sollte für zwei Wochen nach Spanien gehen, der bezahlte Urlaub war ein Dankeschön meines Freundes. Er war zuvor acht Wochen in Kur gewesen, und ich hatte währenddessen viel Arbeit für ihn übernommen. Inge hatte für diese Zeit einen Urlaub mit den beiden Mädchen geplant, sodass alles gut vorbereitet war. Ich hätte eigentlich beruhigt wegfahren können. Stattdessen war ich höchst beunruhigt: In meiner Verliebtheit konnte ich mir kaum vorstellen, so lange ohne mein magnetisches Gegenstück auszukommen. Die Angst davor, alles zu verlieren, tauchte mit aller Macht wieder auf, wie ein Ungeheuer aus dem Nichts.

Ich packte meinen Koffer und fuhr zu ihr. Wir verbrachten einen schönen Abend voller Herzschmerz, bis mich um zwei Uhr morgens mein Bekannter Gerhardt abholte. Er brachte Günter und mich zum Flughafen nach Stuttgart. Die Nacht war außerordentlich kalt: Zu meinem Liebesentzug kam ein Eisregen. Die Autobahn war spiegelglatt, wir kämpften uns langsam vorwärts, Meter für Meter. Mit großer Verspätung erreichten wir schließlich den Flughafen. Wie wir dort erfuhren, hatte man uns schon zweimal ausgerufen. Aufgrund der Wetterlage hatte sich der Abflug etwas verzögert – Günter und ich erreichten die Maschine als die letzten beiden Passagiere.

Als wir nach der Landung in Palma de Mallorca mit unseren dicken Winterkleidern aus dem Flugzeug stiegen, wehte uns ein warmer, beinahe schon heißer Wind um die Nase. Ich war zuvor so sehr mit meinem neuen Leben zu Hause beschäftigt gewesen, dass ich überhaupt nicht an den Urlaub gedacht hatte. Staunend und schwitzend betrat ich die fremde Welt. Man brachte uns in eine schöne Hotelanlage, wo wir ein gemeinsames Doppelzimmer mit herrlichem

Ausblick bezogen. Wir aßen gut und tranken reichlich, es wurde eine feuchtfröhliche Nacht.

Es war mein erster Urlaub in einem anderen Land, zusammen mit meinem besten Freund. Einerseits genoss ich die freie Zeit in der schönen Umgebung, andererseits fehlte mir mein Magnet zutiefst. Meine Blicke schweiften immer wieder ab, in den Raum, aus dem Fenster, auf das Meer – und schon spürte ich die brennende Sehnsucht. Ich nahm jede Gelegenheit wahr, um mit Carola zu telefonieren. Handys gab es noch nicht, die Gespräche von der Hotelanlage aus waren teuer. Aber das zählte natürlich nicht. Die Telefonate waren nötig, damit ich es überhaupt ohne sie aushalten konnte. Ohne abends noch einmal ihre vertraute Stimme zu hören, hätte ich nicht einschlafen können. Die Auszeit tat mir im Grunde sehr gut, so überarbeitet wie ich war. Leider konnte ich den Urlaub bis auf wenige Momente gar nicht genießen. Die Anspannung, die Rastlosigkeit blieb. Sehnsucht und Verlustängste trieben mich um und übernahmen schließlich die Übermacht. Ich wünschte mir, dass die Tage schneller vorbeigehen würden, sodass ich meine Liebe endlich wieder in die Arme schließen könnte. Oft träumte ich vor mich hin und malte mir aus, wie wir uns am Flughafen wiedersehen würden. Ein paar vergnügte Abende verbrachte ich dennoch mit Günter zusammen. Wir lernten noch einen Hamburger kennen, mit dem wir zusammen Skat klopften. Hin und wieder tauchte eine braun gebrannte Frau in unserer Nähe auf, die Günter offensichtlich sehr gefiel. Er war »fasziniert von ihrer Exotik«. Ich hoffte, dass sie sich näher kommen würden: Ich gönnte meinem Freund eine neue Liebe und gleichzeitig würde ich mich wieder mehr auf Carola konzentrieren können. Tatsächlich kam es so, dass Günter sich Hals über Kopf in die exotische Gesa verliebte. Sie wurden ein Paar und nutzen jede freie Minute, um sich näher kennenzulernen. Bis dahin war Günter der Hauptgrund gewesen, dass ich meiner qualvollen Sehnsucht nach Carola nicht nachgegeben hatte. Aber jetzt, ohne seine Anwesenheit, fühlte ich den Verlust meiner anderen Hälfte noch schmerzlicher. Dass ich hier war, weit weg von ihr, schien endgültig sinnlos zu sein. Schließlich fuhr ich mit dem Taxi zum Flughafen nach Palma. Am

Schalter erkundigte ich mich, ob ein früherer Rückflug möglich sei. Die Dame war sichtbar erstaunt, dass ich meinen Urlaub abbrechen wollte. Nach einem Blick in ihren Computer teilte sie mir mit, dass es keinen freien Platz mehr geben würde. Ich redete mich in Rage, dass es dringend wäre. Sogar eine dreiste Lüge platzte aus mir heraus: Ich erzählte, ich sei Mitglied der NATO und müsse dringend zu einem wichtigen Treffen nach Stuttgart. Dazu zeigte ich meinen Militärausweis von den kanadischen Streitkräften. Das hinterließ Eindruck bei der Dame, und sie führte aufgeregt mehrere Telefonate. Schließlich erlöste sie mich von meiner Anspannung und beschenkte mich mit der guten Nachricht, dass ich am nächsten Vormittag zurückfliegen könne. In meiner ruhelosen Verliebtheit empfand ich die Botschaft als großes Glück. Als Bonus bekam ich sogar ein Ticket für die erste Klasse ohne Aufpreis.

Fröhlich über meinen verwegenen Coup fuhr ich mit dem Taxi zurück ins Hotel. Dort traf ich Günter, Hand in Hand mit seiner neuen Errungenschaft. Ich erzählte ihm von meinem Plan. Er war zunächst etwas enttäuscht und wollte meine verfrühte Abreise nicht einsehen. Dann weihte ich ihn in meine Gefühle und die Situation ein, und schließlich verstand er meine Gründe. Wir beschlossen, noch einen schönen Abend miteinander zu verbringen, was wir dann auch taten. Bevor ich mich ins Bett legte, packte ich voller Vorfreude meine Koffer. Wie sehr sehnte ich den Moment des Wiedersehens herbei! Ich rief sie an, um ihr die frohe Botschaft zu übermitteln. Carola war sehr überrascht, »dass ein Mann für seine Frau den Urlaub abbricht«. Ich spürte ihre Rührung, und sie ließ mich wissen: »Das ist Liebe.« Carola erzählte mir von ihrer Angst, auf den verschneiten Straßen zum Flughafen zu fahren. Ich bot ihr meinen BMW an, was sie dankend annahm. Nach unserem Telefonat wallten die Gefühle wieder bis zum Anschlag in mir hoch, sodass ich mein Hotelzimmer nochmals verließ und in eine nahe gelegene Stadt fuhr. Dort tat ich etwas, was ich vorher noch nie gemacht hatte: Ich kaufte Schmuck für meinen Schatz. Es war ein goldenes Fußkettchen. In der Nacht fand ich kaum Schlaf. Morgens stand ich auf, machte mich fertig und stand überpünktlich um halb acht an der

Rezeption, um meine Rechnungen zu begleichen. Günter kam, um sich zu verabschieden. Dann eilte ich aus dem Hotel hinaus – und war weg. Nervös und aufgeregt saß ich im Flieger. Ich machte mir Sorgen um die deutschen Straßenverhältnisse und darum, ob meine Liebe wohlbehalten am Flughafen ankommen würde. Das Flugzeug landete, dann noch schnell durch den Zoll, in Richtung Ausgangshalle. Da sah ich sie stehen, eingepackt in einer prächtigen Pelzjacke. Ich ließ mein Gepäck fallen und schloss sie in meine Arme. Auf diesen Moment hatte ich mich so sehr gefreut. Die Ängste fielen von mir ab, ich war bei ihr, ich durfte sie festhalten, meine Sehnsucht war überstanden. Froh über meine Entscheidung fand ich zu der Erkenntnis, dass es allgemein wertlos ist, ohne einen geliebten Partner in Urlaub zu fahren. Ich fuhr das Auto zurück, Carola saß ganz nah an meiner Seite und drückte sich fest an mich. Ich wäre eigentlich noch sieben Tage in Spanien gewesen und beschloss, alle in dem Glauben zu belassen und meine Ferien bei Carola zu verbringen. Sie konnte sich bei ihrer Arbeitsstelle sogar kurfristig Urlaub nehmen. Ich war ganz beglückt von ihrer spontanen Art, sie überraschte und verwöhnte mich. Wir verbrachten traumhafte Tage miteinander. Ich fühlte mich, als würde ich oben auf einer Meereswelle hinweggleiten, von alleine fließend, ohne Widerstände, ohne Gefahren. Hin und wieder ging die Welle wieder nach unten mit mir, und ich wurde wieder ungläubig, ob es das Glück auch wirklich ernst mit mir meinte? Würde diese Frau bei mir bleiben? Sie war so schön, so heiter, so begehrenswert. Ich bestaunte und bewunderte sie. Carola kam mir vor wie ein Model aus einem Katalog, unerreichbar und aus einer anderen Welt.

Vom alten ins neue Leben

Die leichten Tage gingen vorbei wie im Flug. Mit aller Macht kam der Alltag in unser Leben zurück. Die Schule begann, ich ging wieder arbeiten, Carola ebenso. Dennoch sahen wir uns häufig, ich ging zu ihr oder sie kam zu uns ins Haus. Ich beschloss, alles Alte endgültig hinter mir zu lassen und unser Haus zu verkaufen. So würde ich Inges Anteil ausbezahlen können, einen geraden Schlussstrich unter unsere Beziehung ziehen und einen neuen Anfang für mein Leben wagen können. Ich kam wieder in Kontakt mit dem älteren Ehepaar aus Stuttgart, das sich für unser Haus interessierte. Sie waren sehr freundlich und unkompliziert. Wir einigten uns schnell auf einen Kaufpreis, das Übergabedatum und eine Anzahlung für die Sicherheit beider Seiten. Diese Aufgabe war leicht zu lösen gewesen.

Damit war der Weg in ein neues Leben frei. Ich suchte eine großzügige Mietwohnung für mich und die Kinder in der Umgebung von Lahr. Die Wege zur Schule und zu ihrer Mutter sollten kurz bleiben. Dann kam Carola auf mich zu und fragte, ob wir uns nicht eine gemeinsame Wohnung suchen sollten. Da ich mir ja gerade eine neue Bleibe suchen würde, könnten wir uns auch gleich eine gemeinsame Zukunft aufbauen. Ich hatte schon daran gedacht und es mir auch gewünscht, aber ich hätte nicht gewagt, sie danach zu fragen. Meine Selbstzweifel, meine Ängste waren zu mächtig. Sie hatte es mir abgenommen.

Simone war mittlerweile 13 Jahre alt. Nachdem ich das Haus verkauft hatte, sagte sie mir, dass sie nun zu ihrer Mutter ziehen wolle. Sie meinte, dass ihre Mama dann nicht ganz allein ohne Kinder leben müsse, weil Nicole ja bei mir und Carola bleiben würde. Das schmerzte mich sehr. Aber ich verstand auch ihre Sehnsucht nach der Mutter und ihre Sorge um sie. Simone litt sehr unter unserer Trennung und war von Anfang an zwischen den Stühlen. Ich hätte sie gerne festgehalten, aber ich ließ sie gehen und hoffte inständig, dass es ihr mit dieser Entscheidung gut gehen würde. In der Zeitung fanden wir zu dritt eine sehr schöne, große Wohnung in Reichenbach bei Lahr: im Dachgeschoss mit 120 m², zwei Balkonen und einem riesigen Wohnzimmer. Beim Auszug halfen viele meiner Arbeitskollegen, in kürzester Zeit war das ganze Haus leergeräumt. Ich hatte größere Mengen an Baumaterial und Werkzeug zu verstauen. Glücklicherweise konnte ich die Sachen bei den Kanadiern auf dem Flugplatz deponieren. Meine berufliche Position und meine Kontakte waren mir bei diesem Umzug sehr hilfreich, sodass mir viel Unterstützung zugutekam.

Die neue Bleibe haben wir uns sehr schön eingerichtet, einige neue Sachen kamen dazu. Für das Zimmer von Nicole habe ich mir besonders viel Mühe gegeben, damit sie sich wohlfühlt. Sie war erst sechs Jahre alt, und ihr war noch gar nicht richtig bewusst, dass Mama und Papa sich getrennt hatten. Was sie am meisten vermisste, konnte ich ihr nicht ersetzen: die Mutter. Dieser Schmerz tat mir auch sehr weh, und ich tröstete sie mit all meiner Kraft, aber letztendlich war ich machtlos.

Als Nicole die nächsten Ferien bei ihrer Mutter verbrachte, flog ich mit Carola auf die Insel Kreta nach Griechenland, wo wir eine sehr schöne Zeit miteinander genossen. Wir kamen aus dem Urlaub zurück, und Nicoles erster Schultag stand bevor. Es spielte sich so ein, dass ich sie morgens zur Schule brachte und dann den Tag über arbeiten ging. Mittags holte Carola sie von der Schule ab. Glücklicherweise konnte sie es mit ihrem Chef so vereinbaren, dass sie täglich um 13 Uhr gehen konnte. Nicole und Carola kamen gut miteinander aus, worüber ich natürlich sehr froh war. Probleme gab es dann, wenn Nicole das Wochenende bei ihrer Mutter verbracht hatte und danach wieder zu uns kam. Dann war sie traurig und wütend, ihre Gefühle gingen durcheinander. Sie war verunsichert, wusste nicht mehr, wohin sie gehörte und ob ihre Welt so in Ordnung war. Das war mehr als verständlich, nachdem sie ihre Mutter und die Schwester »verloren« hatte. Das musste ich ja teilweise selbst erst verstehen. Nicoles Wechsel zwischen den beiden Welten, die vorher eine gewesen war, verlief oft schwierig. Dann dauerte es eine ganze Weile, bis das Kind wieder ruhig und ausgeglichen war.

Abgesehen von diesen zerrissenen Situationen war Nicole ein glückliches Kind, und es war leicht, mit ihr gut auszukommen. Ich dachte, dass sie sich im Großen und Ganzen wohlfühlt. Wie ich in späteren Jahren von ihr erfahren habe, hat sie mehr unter dieser Trennungssituation gelitten, als ich dachte. Mir zuliebe hat sie viel Traurigkeit heruntergeschluckt, für sich behalten oder verdrängt. Das kleine Mädchen überspielte ihre Sorgen, damit ich mir keine machen musste – eine großartige und rührende Leistung von einem kleinen Kind. Damals habe ich ihren Schmerz zu wenig wahrgenommen, und ich habe leider kaum nachgefragt. Heute muss ich mir eingestehen, dass ich vor lauter Verliebtheit ganz blind war, sogar für die Probleme meines Kindes. Ich war so mit dem Aufbau unseres neuen Lebens beschäftigt und noch mehr mit meiner Angst, alles wieder zu verlieren, dass ich dem zarten kleinen Wesen nicht ganz gerecht werden konnte. Heute hätte ich dafür mehr Erfahrungen und Mut – und würde mich noch entschiedener für das Wohl meiner Kinder einsetzen.

Eines Abends saß ich mit Carola im Wohnzimmer auf unserem kuscheligen Berberteppich. Sie brachte das Thema eines gemeinsamen Kindes auf. Ich war gerührt von ihrem Wunsch und stieg zunächst gerne auf das Thema ein. Sie beschrieb mir, wie unser Sohn wohl aussehen könnte, und wir fantasierten gemeinsam darüber, wie das Kind heißen würde. Der Gedanke an ein weiteres Kind war schön und beschäftigte mich, aber ich spürte doch viele Zweifel in mir wachsen. Meine Unsicherheit war groß – ich war nicht dagegen, aber auch nicht wirklich dafür. Ich fühlte mich noch nicht reif für ein neues Kind und wollte erst einige Zeit vergehen lassen, um sicherer zu werden. Natürlich wollte ich Carolas Herzenswunsch gerne erfüllen, zumal sie noch keine eigenen Kinder hatte. Ich war ja schon Vater und wollte meine beiden Töchter um keinen Preis »hinten anstellen«. Trotz aller Verliebtheit wollte ich in diesem Punkt keinesfalls blauäugig handeln. Mit einem Baby würde ich für Nicole und Simone noch weniger Zeit haben, als ich es ohnehin schon hatte: Meine beiden würden sich vernachlässigt und weniger geliebt fühlen, wenn ich mich voll und ganz um einen Säugling kümmern müsste.

Das waren wahrscheinlich falsche Gedanken, aber ich konnte mich nicht davon befreien. Ich war noch nicht bereit für ein weiteres Kind und ersetzte diesen Zukunftsplan kurzerhand durch einen anderen: Ich wollte ein neues Haus bauen. Mit meinen schwärmerischen Fantasien, wie wir unser Zuhause nach unseren eigenen Wünschen gestalten könnten, steckte ich Carola schließlich mit meiner Begeisterung an. Für uns ein Liebesnest, für die Kinder große, gemütliche Zimmer, für uns alle ein gemeinsames, eigenes Heim. Auch die Schwiegermutter, die über eine Trennung von ihrem Mann nachdachte, sollte bei uns einziehen können. Wir suchten und fanden unser Traumhaus, es war schon fast fertig gebaut. Das Haus gefiel uns beiden sehr, auch den Kindern, es war perfekt für uns geeignet. Der Standort in Kippenheim war für uns alle gut gelegen. Carola und ich einigten uns mit dem Verkäufer, dass wir die restlichen Arbeiten in Eigenleistung erbringen. Das drückte den Preis und gab uns mehr Gestaltungsmöglichkeiten.

Das war der Startschuss, und wieder legte ich los: Jede freie Minute verbrachte ich auf der Baustelle, wie eine Ameise. Es sollte schön werden und schnell gehen. Meine eigenen Ansprüche waren hoch, das Bedürfnis, meine neu errungene Sicherheit einzumauern, war groß. Das Dachgeschoss habe ich gleich mit ausgebaut, um auch die Schwiegermutter gleich zu versorgen. Erst danach stellte sich heraus, dass sie sich doch nicht von ihrem Mann trennen wollte. Dass so manches, was aus dieser Richtung kam, sich als heiße Luft herausstellen sollte, wusste ich zu dieser Zeit noch nicht. Dieses »Missverständnis« bewirkte allerdings eine positive Planänderung: Simone und Nicole bekamen das obere Stockwerk als Territorium für sich, zwei schöne Zimmer und ein eigenes Bad. Es machte mich glücklich, den Kindern diesen Raum zu schenken. Simone verbrachte wieder mehr Zeit bei uns, was mein Herz erfreute. Ich hoffte inständig, dass wir uns hier alle wohlfühlen würden. Das neue Haus sollte ein Ort sein, wo wir alle gut miteinander leben würden. Ich wünschte mir von Herzen ein neues Wirgefühl, einen starken Zusammenhalt mit Nicole, Simone und Carola.

Zwischen den Stühlen

Leider kam es ganz anders, als ich es mir gewünscht hatte. Ich war nicht Teil eines Ganzen, sondern ich stand zwischen meiner Frau und den Kindern. Simone und Nicole waren ähnlich zerrissen wie ich: ein ewiges Hin und Her vom Vater zur Mutter und zur Stiefmutter. Wir kamen nicht zur Ruhe, keiner von uns. Obwohl ich alles dafür getan hatte, um uns einen stabilen äußeren Rahmen zu bauen, fiel immer jemand heraus. Durch ein äußeres gemeinsames Leben erreicht man noch lange keinen inneren Zusammenhalt – wie ich schmerzlich erfahren musste.

Auch für die Beziehung von Carola und mir stellte das neue Heim keineswegs ein friedliches Liebesnest dar, so wie ich es mir in meiner Blauäugigkeit ausgemalt hatte. Wir waren von Anfang an zu verträumt gewesen. Ein neues Haus, eine neue Familie, alles schien so einfach zu sein. Wir Erwachsenen hatten zu hohe Erwartungen an uns gehabt, wir strebten nach der neuen, perfekten Familie, die man eben nicht einfach aus dem Boden stampfen kann. Wir griffen nach den Sternen und verloren dabei den Boden unter den Füßen.

Das Zusammenleben hatten wir uns viel einfacher vorgestellt, als es sich tatsächlich entwickelte. Die Mädchen waren 13 und sechs Jahre alt; natürlich waren sie geprägt von ihrem vorherigen Leben und wollten auch daran festhalten. Das betraf Verhaltensformen, ihren Tagesablauf und vieles Alltägliche mehr. Sie hatten zwar regelmäßig Kontakt zu ihrer leiblichen Mutter, vermissten sie aber oft im Alltag. Zudem hatten sie große Schwierigkeiten, Carola als Vormund zu akzeptieren, besonders die Ältere. Sie verglichen die beiden Frauen miteinander und verloren dabei teilweise die Orientierung für sich selbst. Es war ein einziges großes Durcheinander. Es gab viel Streit über Regeln und darüber, wie man sich zu verhalten hat. Die Kinder waren mit all den Veränderungen und ihrer Trauer über die Scheidung überfordert, wir verlangten zu viel Einsicht von ihnen. Dafür waren sie aber noch zu klein. Wir wünschten uns, dass sie souverän von einem Zuhause ins andere wechselten, am besten sollten sie über allen Unterschieden stehen – was sie natürlich nicht konnten. Wir Erwachsene können meist besser zwischen verschiedenen Welten hin- und herwechseln und dennoch unseren eigenen Weg finden, Kinder können das nicht!

Simone, die Ältere, hatte zwei Zimmer: eines bei uns und eines bei Inge. Sie wechselte also nicht nur im Inneren, sondern auch im Äußeren ständig ihr Zuhause. Lief es hier oder da gerade schlecht oder problematisch, flüchtete sie in das jeweils andere Heim. Bei Simone war die Zerrissenheit ganz offensichtlich, sie kam überhaupt nicht zur Ruhe.

Nicole lebte immer bei uns zu Hause. Sie hatte mehr oder weniger regelmäßigen Kontakt zur leiblichen Mutter, was ich auch für gut und wichtig befand. Dennoch bewirkte das auch bei ihr eine Zerrissenheit. Carola wiederum verlangte, dass Nicole uneingeschränkt auf sie hören solle und ohne Widerworte das befolgte, was sie ihr vorgab. Ihre Benimmregeln waren strenger, als Nicole das gewohnt war, auch sollte sie sich ganz alleine beschäftigen können. Das sind individuelle Erziehungsregeln, mit denen man sicher gut leben kann – aber für Nicole waren es völlig neue Vorgaben, die auch bei einem kleineren Kind nicht ohne Weiteres durchzusetzen sind. Auf die damit verbundenen Kämpfe und Probleme war auch Carola nicht vorbereitet. Schwierig war auch, dass Carola sich verständlicherweise wünschte, die Mutterrolle ganz zu übernehmen, zumindest von der kleineren Nicole. Das Kind sollte nach ihren Vorstellungen erzogen werden. Carola wollte nicht als Stiefmutter, sondern als Mutter angesehen werden. Kam das Kind durcheinander, verlangte Carola, dass Nicole ihr und nicht der leiblichen Mutter den Vorrang gab und allein ihre Regeln befolgte – am besten ohne Diskussion.

Wir hätten beide merken müssen, dass man das Vorleben oder das »zweite« Leben eines Kindes nicht einfach ignorieren darf. Beide Kinder hätten hier mehr Rücksicht und Verständnis gebraucht. Besonders bei autoritären Maßnahmen wie lauten Zurechtweisungen oder gar einem »Klaps« stellen sich Kinder schnell stur, wenn sie von einem »fremden« Erzieher kommen. In solchen schwierigen Situationen hätte ich mir gewünscht, als Vermittler dazugezogen zu werden, weil ich als Vater vielleicht mehr hätte erreichen können. Die Kinder hörten normalerweise auf mich und ließen mit sich reden, ohne alles zu hinterfragen. Sie verziehen mir auch schneller einen Fehler im Umgang mit ihnen. Das war zwischen Carola und den Kindern anders.

Carola wiederum war ehrgeizig, wollte solchen Situationen selbst »Herr« werden, von den Kindern anerkannt und akzeptiert werden. Auch dafür hatte ich Verständnis. Ich saß ständig zwischen den Stühlen.

Ab durch die Mitte

Im Mai 1989 schickten mich die kanadischen Streitkräfte zu einem Lehrgang nach Vancouver, Kanada. Ich würde fünf Wochen nicht zu Hause sein. Es war eine große berufliche Chance und Herausforderung, die ich gerne annehmen wollte. Die interessante Weiterbildung würde mich auch finanziell weiterbringen.

Ich war mittlerweile 38 Jahre alt, Simone wurde volljährig und Nicole war elf. Nicht nur für mich war eine Prüfung mit dem Auslandsaufenthalt verbunden, auch für die Daheimgebliebenen bedeutete es einen Härtetest. Würden sie ohne meine Vermittlungsversuche miteinander auskommen? Einerseits fürchtete ich, dass die Auseinandersetzungen eskalieren könnten und Carola versuchen würde, alle Macht über die Kinder an sich zu reißen. Sie würde ganz nach ihren Vorstellungen schalten und walten können und die Kinder dabei womöglich übergehen. Andererseits hoffte ich, dass sich die Drei durch meine Abwesenheit vielleicht auch näher kommen könnten und zusammenraufen würden.

Mein Flug ging von Frankfurt nach Vancouver. Dort blieb ich eine Nacht im Hotel, dann ging es mit einem kanadischen Bus weiter nach Chilliwack. Das war ein militärischer Stützpunkt an der Westküste. Wir Kursteilnehmer waren in einem Wohnheim für Soldaten untergebracht, die Zimmer waren schlicht eingerichtet, aber schön und sauber. Zum Essen gingen wir in ein Offizier-Kasino. Ich war der einzige Deutsche, die anderen 26 Teilnehmer waren Kanadier und sprachen englisch oder französisch. Dementsprechend fühlte ich mich von vornherein etwas allein auf weiter Flur. Ich hatte Heimweh und vermisste meine Lieben. Wieder einmal merkte ich, dass ich ein Familienmensch bin und nicht gut alleine leben kann. Der Höhepunkt des Tages war immer der Telefonanruf zu Hause. Ich wurde ganz schwermütig und zählte jeden Morgen die verbleibenden Tage. Am schlimmsten wurde es an den Wochenenden, wenn die anderen Teilnehmer zu ihren Familien fuhren und ich als einziger zurückblieb.

Dann aber erfuhr ich auf unerwartete Weise Trost und Herzenswärme von Einheimischen, die ich überhaupt nicht kannte. Wenn ich an meinen freien Tagen allein durch die Gegend streifte, wurde ich immer wieder von wildfremden Menschen angesprochen. Entweder suchten sie einfach das Gespräch mit mir oder ich wurde zum Angeln oder einer Grillparty eingeladen. Ich war teilweise gehemmt, die Einladungen anzunehmen, da mich die ungewohnte Freundlichkeit verunsicherte. Aber ich bekam bald ein frohes Gefühl und war sehr positiv überrascht von dieser Mentalität, die man in Deutschland nicht kennt. Hier geht man Ausländern eher aus dem Weg und denkt, der Fremde könnte etwas von einem haben wollen. Man will lieber unter sich bleiben und nicht gestört werden. Umso überraschter war ich von der kanadischen Gastfreundlichkeit und Großzügigkeit!

So kam es, dass ich nie lange alleine blieb und immer schnell jemanden zur Seite hatte, der sich mit mir unterhalten wollte. Das bewirkte ein so großes Wohlgefühl in mir, dass ich mir ausmalte, meine Familie hierher zu holen und für immer in diesem Land zu bleiben. Der Lehrgang ging zu Ende, ich hatte den ganzen Stoff auf Englisch gelernt und musste nun zur schriftlichen Prüfung antreten. Aufgrund der Fremdsprache fühlte ich mich etwas benachteiligt, was sich aber als falsch herausstellte: Mit 92 % richtig beantworteten Fragen wurde ich Sechster von 26 Kanadiern! Stolz und voller Freude nahm ich mein Zertifikat entgegen.

Beim letzten Telefonat mit Carola vor meinem Rückflug deutete sie an, dass es ihnen zu Hause nicht gut gehen würde. Mit einem mulmigen Gefühl im Bauch saß ich im Flieger und dachte mir, dass Carola mit den Kindern jetzt wohl völlig zerstritten wäre. Selbst wenn ich es früher erfahren hätte, wäre es von Kanada aus unmöglich gewesen, mich einzumischen oder zu vermitteln. Ich kam übermüdet zu Hause an und blickte in das unglückliche und betroffene Gesicht meiner Frau. Das war natürlich kein schöner Empfang. Sie teilte mir mit, dass Nicole bei ihrer Mutter sei. Ich erschrak und fühlte mich gleich traurig und niedergeschlagen – kaum war ich in der Tür. Carola übergab mir einen Brief, den ich gleich lesen sollte, was ich auch tat. Ihre Zeilen lasen sich ungefähr so: »Mein lieber Schatz, das waren die schlimmsten fünf Wochen meines Lebens. Ich weiß jetzt endgültig, dass ich für die Kinder keine Mutter sein kann, sondern nur eine Putzfrau und Köchin. Es gab die ganze Zeit nur furchtbaren Streit. Ich wollte mir Hilfe bei deiner Mutter holen, und sie hat mit harten Worten auf mich eingeschlagen. So habe ich mir eine Familie nicht vorgestellt. Ich wäre bestimmt schon weggelaufen, aber ich liebe dich und will mit dir mein Leben verbringen. Deine Carola.«

Ich sprach mit ihr, mit den Kindern, mit meiner Mutter. Alle vier erzählten mir eine jeweils andere Version der Geschichte. Ich hatte schließlich den Eindruck, dass sie sich alle unklug und verletzend verhalten hatten. Trotzdem erwarteten alle mein Verständnis. Ich war ganz durcheinander und befand mich sofort wieder zwischen allen Stühlen: Wem sollte ich glauben? Wie sollte ich handeln? Und wer dachte eigentlich an mich?

Wäre ich Schiedsrichter gewesen, hätte ich Carola, Inge und meiner Mutter eine Rote Karte erteilt und den Kindern eine gelbe. Leider war es bei Weitem nicht so einfach. Wie also sollte ich diesen Scherbenhaufen wieder kitten? Wie sollte man diese erbitterten Einzelkämpfer jemals zu einem Team zusammenfügen?

Dann kam die Zeit, als Carola für vier Wochen zu einer Kur nach Davos in die Schweiz ging. Eine Allergie löste bei ihr Asthma aus, dafür sollten die Ursachen gefunden werden. Einerseits freute ich mich darüber, wieder einmal mit meinen Kindern alleine zu sein und wünschte mir, mit ihnen zusammen etwas zur Ruhe zu kommen. Andererseits vermisste ich meine Frau. Also war ich unter der Woche bei den Kindern und an den Wochenenden besuchte ich Carola.

Ich spürte wieder, wie sehr ich mich nach Frieden und Harmonie sehnte und bemerkte, dass es uns allen ähnlich erging. Weil ich ein praktischer Mensch bin, baute ich einen Kachelofen für uns, den Carola und ich uns schon lange gewünscht hatten. Er sollte für

Wärme und Gemütlichkeit sorgen. Einige Arbeitskollegen halfen mir dabei, sodass wir nur wenige Tage dafür brauchten. Als meine Frau nach Hause kam, war sie sehr überrascht und freute sich wie ein Kind. Genau so, wie wir es uns ausgemalt hatten, besaß der Ofen vorne ein Sichtfenster, wodurch man das Feuer lodern sehen konnte. Das machte dieses wunderbare Möbelstück noch heimeliger. Wenn es draußen kaltes Schmuddelwetter gab, wärmten wir uns vor dem Kachelofen, kuschelten uns aneinander, sahen ins Feuer und lauschten dem Knistern. Ja, es gab Momente, in denen wir vom Alltag ablassen konnten und unser Leben genießen konnten. Aber – an schlechteren Tagen war es mir nicht möglich, unsere Probleme und Auseinandersetzungen zu Hause zeitweise auszublenden. Ich war oft ganz verhärtet, hatte hohe Mauern um meinen weichen Kern aufgebaut. Die Distanz, die ich unbewusst zu meinem eigenen Schutz errichtet hatte, machte mich kälter, mein Herz hatte sich verschlossen.

Unsere Schwierigkeiten waren alltäglicher Natur, der Hausbau, die Schulden und die Schwierigkeiten, die es im Leben mit den Kindern gab. Wir haben es in unserer Beziehung nicht geschafft, die ständig wiederkehrenden Konflikte zu klären und zu vermeiden. Dazu kam die leibliche Mutter meiner Kinder, die bei uns zum Streitthema wurde und schließlich auch noch meine Mutter, die sich ja immer wieder zeitweise um die Kinder kümmerte und so auch eine Art Mitspracherecht hatte, was die Erziehung anging.

Simone und Nicole traf dabei die geringste Schuld. Wir Erwachsenen hätten eine Lösung finden müssen und die Kinder ganz heraushalten sollen. Sie hatten schließlich ein Recht auf ihre Kindheit und waren mit der Situation maßlos überfordert. Es tut mir heute noch leid, dass sie es so schwer hatten.

Heute empfinde ich Carola gegenüber Dankbarkeit, dass sie sich aus Liebe zu mir dieser schwierigen Aufgabe gestellt hat, die Stiefmutter meiner Kindern zu werden. Sie war noch so jung, als sie in unsere »fertige« Familie kam. Sie hat all ihre Kraft gegeben und sich für uns aufgeopfert. Auch der Hausbau mit seinen finanziellen Verpflichtun-

gen war kein Zuckerschlecken, sondern eine massive Belastung. Dazu kamen meine Unsicherheiten und Ängste – auch das lastete mit auf ihren Schultern. Sie war noch so jung, heute erkenne ich, dass auch sie überfordert war. Ich hätte ihre Arbeit, ihre Bemühungen mehr anerkennen müssen, sie beachten sollen. Sie hätte Schutz gebraucht, einen inneren Ruheraum, den ich ihr nicht geben konnte.

Tod der Mutter

In meinem Leben gab es nach wie vor einen weiteren Menschen, der mir besonders am Herzen lag: meine Mutter. Sie stand uns mit den Kindern bei und passte oft auf sie auf. Wenn sie einige Tage nicht bei uns war, ging ich sie in ihrem Zuhause besuchen. Ich half ihr bei der Erledigung alltäglicher Aufgaben, und wir sprachen über unsere Probleme. Ich stand ihr zur Seite, so wie sie es auch immer für mich getan hatte – und davon hätte mich auch nichts und niemand abbringen können.

Sie hatte immer wieder leichtere gesundheitliche Beschwerden, aber im Großen und Ganzen ging es ihr gut. Nachdem mein Vater 1972 gestorben war, durfte sie noch zwanzig Jahre lang ein friedliches Leben führen. Nach seinem Tod fand sie eine Stelle als Haushälterin für einen älteren Herren. In seinem Haus bekam sie eine kleine Wohnung für sich. Dort begann für sie ein ganz neues Leben: Sie wurde aktiv und gesellig, ging nach draußen, war oft mit dem Fahrrad unterwegs, kam gerne mit Leuten und Nachbarn ins Gespräch und war meistens guter Dinge. Sogar auf einige Auslandsreisen nach Spanien und Italien durfte sie den alten Herrn begleiten. Endlich, im fortgeschrittenen Alter, konnte sie angstfrei existieren. Man sah es ihr an, wie sie aufblühte. Das hat mich sehr glücklich gemacht.

Nach dem Tod des alten Herrn wohnte sie ein knappes Jahr lang bei meiner Schwester Helga und ihrem Mann in Freudenstadt, wo sie sich aber nicht wohlfühlte. Unter Tränen rief sie mich eines Tages an und erzählte, dass dies kein schönes Zuhause für sie sei. Sie fühle sich wie in einem Gefängnis und sei wohl nur wegen ihrer Rente erwünscht. Ich habe daraufhin schnell eine neue Bleibe für sie gesucht und ihr mit Carola zusammen beim Umziehen und Einrichten geholfen. Es war eine schöne, kleine Wohnung in meiner Nähe; hier wollte sie bleiben. Nachdem mir meine Schwester dann ihrerseits vorwarf, dass ich nur an der Rente meiner Mutter interessiert sei, brach unser Kontakt ab.

Manchmal kam unsere Mutter mit dem Fahrrad bei meiner Arbeitsstelle auf dem Flugplatz in Lahr vorbei, um mir eine Tafel Schokolade oder ähnliches zu bringen. Das wollte ich zwar eigentlich nicht, habe mich aber doch gefreut, und die Schokolade habe ich natürlich auch gegessen. Außerdem hatte sie in einer großen Glasflasche Kleingeld für mich gesammelt. Eines Tages kam sie mit der vollen Flasche in der Hand auf dem Fahrrad an und überreichte mir freudestrahlend das gesparte Geld. Ich wollte, dass sie es für sich selbst nimmt, freute mich aber doch sehr über ihre immerwährende Fürsorge.

Wir hatten jeden Tag miteinander Kontakt, zumindest am Telefon. Als sie sich einmal drei Tage lang nicht meldete, fuhr ich zu ihrer Wohnung. Das Fahrrad stand unten, sie musste also da sein. Als ich klingelte, öffnete niemand. Kurzerhand schlug ich die Tür ein und fand sie im Bett. Sie konnte nicht mehr aufstehen, fühlte sich kalt an und war sehr verwirrt. Im Krankenhaus erfuhr ich, dass sie einen Schlaganfall gehabt hatte. Sie konnte nicht mehr laufen und kaum noch sprechen. Man riet mir zu einem Pflegeheim, ich hätte sie nicht rund um die Uhr versorgen können. Unser Glück in dieser Situation war eine Cousine von mir, die auch in Dinglingen wohnte. Sie war eine ausgebildete Pflegekraft, lebte in einem großen Haus und hatte gerade keine Arbeitsstelle. Das passte gut zusammen; und sie wollte sich gern um meine Mutter kümmern. Ich richtete die Zimmer behindertengerecht ein, und meine Mutter zog zu ihr. Für die Rundumpflege bekam die Cousine ihre Witwenrente und auch das Pflegegeld, sodass alle gut versorgt waren. Ich war sehr erleichtert, dass Mama nicht in ein Pflegeheim musste, sondern weiterhin in der Familie integriert werden konnte. Ich besuchte sie jeden Tag und sah, dass sie in guten Händen war. Die Cousine ging täglich mit ihr spazieren und Mutter wurde ein Teil dieser Familie; auch draußen im Garten durfte sie immer dabeisitzen.

Hier verbrachte Mutter drei weitere Jahre ihres Lebens. Eines Tages, ich war gerade beruflich unterwegs, kam ein Anruf: Sie war mit 79 Jahren verstorben. Nach einem weiteren Schlaganfall war sie im Haus der Cousine sanft eingeschlafen. Der Arzt sagte mir, dass sie nicht gelitten habe. Ich empfand eine große Dankbarkeit, dass sie unter diesen Umständen gehen durfte. Aber ich habe mir auch viele Gedanken gemacht, weil ich im Moment des Hinübergehens nicht bei ihr war. Natürlich war ich beruflich eingebunden und konnte nicht jederzeit an ihrer Seite sein. Aber ich hätte mir doch sehr gewünscht, sie auf dieser letzten Reise begleiten zu dürfen.

Zur Beerdigung kam auch meine Schwester mit ihrer Familie. Anschließend erkundigte sie sich nach dem Erbe. Ich lud sie in unser Haus nach Kippenheim ein, wo sie mich dann zum ersten Mal besuchte. Weil ich die Finanzen unserer Mutter in den letzten Jahren verwaltet hatte, konnte ich ihr alle Zahlen offenlegen. Unterm Strich verblieb letztlich kein »Haben«, sondern ein »Soll«. Es galt, Mutters Konto auszugleichen, die Beerdigung zu bezahlen und eine Restschuld aus einem Darlehen zu begleichen. Dieses hatte unsere Mutter zur Geburt von Helgas erster Tochter aufgenommen. Warum, konnte meine Schwester nicht mehr sagen. All dies zusammen mit dem offensichtlichen Neid auf unser Haus waren mehr als genug Gründe für meine Schwester, um schnellstens wieder das Weite zu suchen. Ich übernahm schließlich alle Kosten.

Weil mich meine Kinder dazu drängten, habe ich später mehrere Versuche unternommen, meiner Schwester wieder näher zu kommen. Mit Nicole zusammen habe ich sie besucht. Leider schien der Ofen ein für alle Mal aus zu sein – auf beiden Seiten. Wir rufen uns gegenseitig ein Mal im Jahr zum Geburtstag an, das ist alles.

Kampf um Arbeit

Im Jahr 1993 musste ich einen Einschnitt in mein Leben verkraften, den ich vorher nicht für möglich gehalten hätte: Nach sage und schreibe 24 Jahren verlor ich meine Arbeitsstelle bei den kanadischen Streitkräften. Nach der Deutschen Wiedervereinigung hatte die NATO beschlossen, den kanadischen Stützpunkt in Lahr aufzugeben. Alles, was ich mir dort aufgebaut hatte, Arbeit, Karriere, Freundschaften – mit einem Mal war alles vorbei. Es dauerte eine ganze Weile, bis ich diesen Schock realisiert hatte: Eine Welt brach in mir zusammen, es zog mir den Boden unter den Füßen weg. Wieder hatte ich mir über viele Jahre treu und fleißig etwas aufgebaut, das unvermutet mit einem Schlag zerstört worden war. Alle 540 Mitarbeiter sollten entlassen werden. Wie würde es für uns weitergehen?
In der Not gründete ich mit einigen Arbeitskollegen zusammen den Verein »Interessengemeinschaft zur Vermeidung sozialer Härte nach Truppenabzug«. Ich war der Erste Vorsitzende des Vereins. Unter anderem hatten wir die Hoffnung, dass zumindest ein Teil der deutschen Beschäftigten auch ohne die Kanadier weiterhin auf dem bisherigen Areal arbeiten könnten, also auf dem Flugplatz, in Schulen, Gebäuden, Kasernen und anderen Bauten. Die Arbeitsplätze sollten möglichst erhalten bleiben, und wir wollten neue Arbeitsstellen vermitteln, was besonders für die älteren Arbeitnehmer existenziell wichtig war. Es ging zudem um Lohnfortzahlungen. Ich versuchte auch, regionale Politiker mit ins Boot zu holen, um mehr bewegen zu können. Leider waren diese aber recht ratlos und trugen nur wenige Ideen bei, die uns kaum weiterhalfen. Am Ende gelang es unserer Interessengemeinschaft aber tatsächlich, einem Großteil der gekündigten Arbeiter neue Stellen zu vermitteln – ein guter und wichtiger Erfolg.
Ich selbst fand durch einen glücklichen Zufall eine neue Arbeit in einem ganz anderen Bereich: Im Außendienst vertrieb ich chemische

Produkte für Autowaschanlagen. Wie sich bald herausstellte, lag mir diese ungewohnte Verkaufs- und Servicetätigkeit nicht besonders. Ich war mit einem Mal ganz auf mich allein gestellt; ich vermisste meine früheren Kollegen und das Arbeiten im Team. Ich war ständig unterwegs und oft kam ich spät nach Hause, was unserem Familienleben gar nicht guttat. Auf keinen Fall wollte ich denselben Fehler wie in meiner ersten Ehe machen, als ich vor lauter Arbeit keine Zeit mehr für die Familie übrig gehabt hatte. Es verging genau ein Jahr; dann kündigte ich die Stelle. Stattdessen hatte ich eine neue Tätigkeit im Innendienst für einen Elektrogroßhandel gefunden. Dort war ich Verkaufsleiter für den Ein- und Verkauf von Haushaltsgeräten. Aber auch diese Tätigkeit war leider nicht von Dauer: Nach eineinhalb Jahren wurde ich aufgrund der schlechten wirtschaftlichen Situation betriebsbedingt gekündigt. So kam es, dass ich am 1. September 1996 zum ersten Mal in meinem Leben arbeitslos wurde, was mir schwer zu schaffen machte. Ähnlich wie der Verlust meines Arbeitsplatzes bei den Kanadiern traf mich die Erfahrung der Arbeitslosigkeit wie ein Blitz aus heiterem Himmel. Seit meinem fünfzehnten Lebensjahr hatte ich immer gearbeitet, immer hatte ich ohne Rast und Ruhe meine Pflicht getan, plötzlich gab es nichts mehr für mich zu tun. Wie sollte ich jetzt mit 45 Jahren unser Haus abbezahlen und meine Familie ernähren?

Innerhalb des nächsten Halbjahres schrieb ich über 90 Bewerbungen – und bekam nur Absagen. Im Frühjahr 1997 vermittelte mir das Arbeitsamt endlich ein Vorstellungsgespräch bei einer großen Hotelkette in Freiburg. Ich habe meine Chance genutzt und dort von Anfang an einen »guten Eindruck« hinterlassen, wie mir gesagt wurde. Ich bekam eine Festanstellung als Hausmeister. Im Vergleich zu meinen vorherigen Beschäftigungen war das zwar ein Abstieg, sowohl was die Tätigkeiten als auch was die Bezahlung anging – aber ich war heilfroh, überhaupt wieder eine Arbeit zu haben.

Schlag auf Schlag

Carola und ich hatten immer wieder einmal über ein gemeinsames Kind nachgedacht. Nach einem weiteren längeren Gespräch waren wir uns endgültig einig darüber, dass wir beide kein Kind mehr haben wollten. Daraufhin bot ich meiner Frau an, mich sterilisieren zu lassen. Carola sollte nicht mehr länger die Pille nehmen müssen, zumal das ihr Asthma vermutlich verschlimmerte. Ich fühlte mich sicher in meiner Entscheidung. Sie war gerührt von meiner Bereitschaft, dieses Opfer für sie zu erbringen. Es war nicht leicht für mich, aber ich war ihr zuliebe bereit, diesen Schritt zu gehen. Der Eingriff erfolgte beim Urologen, ich ließ alles über mich ergehen und war stolz auf meine mutige Tat. Meine Frau gab mir währenddessen immer wieder zu verstehen, wie stolz sie auf mich sei.

Dann schien sich mein Schicksal zu verselbstständigen – ohne dass ich noch einen Einfluss darauf gehabt hätte. Die folgenden Ereignisse habe ich bis heute nicht richtig verarbeitet.

Carola überbrachte mir die Botschaft, dass sie es niemals verkraften würde, kein eigenes Kind zu bekommen. Das starke, sehnsüchtige Bedürfnis war wie aus dem Nichts über sie gekommen. Carola bekam deswegen große psychische Probleme. Ich war nun aber körperlich nicht mehr in der Lage dazu, Vater zu werden. Schließlich hatte ich mich sterilisieren lassen, damit sie es besser haben würde. Plötzlich stellte sich mein Entgegenkommen als völlig verkehrt heraus. Ich war verzweifelt. In mir tat sich eine große Leere auf, eine Traurigkeit, die mich lähmte, bei allem, was ich tat.

Meine Frau war so mit ihrem eigenen Problem beschäftigt, dass ich in meiner Not ganz alleine dastand. Ich spürte, dass sie sich immer mehr von mir abwendete, und mich überkam eine große Angst davor, sie zu verlieren. Auch Carola machte es sich nicht einfach, sie wollte mit mir zusammenbleiben und kämpfte um unsere Liebe. Wir gingen zu einer Eheberatungsstelle und führten einige gute Gespräche miteinander. Ich klammerte mich an jedes Zeichen der Hoffnung und war bereit, alles dafür zu tun, um unsere Beziehung zu retten. Carola unternahm einige kurze Reisen, um sich zu besinnen und um herauszufinden, was sie wirklich wollte. Ich war damit einverstanden und hoffte, dass sie mich aus der Entfernung vermissen würde und spüren würde, dass wir zusammengehörten.

Während unserer Gespräche merkte ich, wie sehr sie unter der Situation litt. Sie wollte noch so vieles in ihrem Leben erreichen, der Wunsch nach einem eigenen Kind war mit so großer Macht in ihr Leben getreten, dass sie es kaum verkraften konnte. Dennoch wollte sie weiterhin mit mir leben und unsere Liebe keinesfalls aufgeben.

Ich liebte Carola von Herzen und wollte sie glücklich machen. Vor allem wollte ich unsere Liebe retten. Dafür gab es offenbar nur noch eine Möglichkeit: Ich vereinbarte einen Termin beim Urologen, um mich danach zu erkundigen, ob die Sterilisation rückgängig gemacht werden konnte. Bei einem Spezialisten im Offenburger Krankenhaus sprach ich vor. Der Professor untersuchte mich und bejahte die Frage, die mir auf der Seele brannte: Es war noch möglich, ich konnte noch zurück! Der Arzt legte mir nahe, gut über meine Entscheidung nachzudenken, da es ein größerer Eingriff sein würde. Die Operation musste ich aus eigener Tasche bezahlen. Ich nahm mir eine Woche Zeit, um mir selbst darüber klar zu werden. Ohne mit Carola darüber zu sprechen, entschied ich mich für den Eingriff. Zum einen wollte ich es für mich selbst tun, um wieder meine ganze Manneskraft zu besitzen. Wichtiger war allerdings, Carola den Lebenstraum einer Schwangerschaft zu erfüllen.

Die Operation wurde unter Vollnarkose vorgenommen und stellte sich als schwierig und langwierig heraus. Auch in der nachfolgenden Zeit hatte ich mit Komplikationen zu kämpfen: Die Blutungen ließen nicht nach, die Wunde heilte schlecht. Das machte mir aber nicht viel aus. Ich blieb gelassen und zuversichtlich – weil ich ein klares Ziel vor Augen hatte.

Als meine Wunden gerade verheilt waren und ich für einen neuen gemeinsamen Anfang bereit war, erreichte mich die nächste Hiobsbotschaft von Carola. Sie wollte nun doch kein Kind mehr mit mir bekommen. Sie wollte die Trennung. Eine eigene Wohnung nehmen, darüber nachdenken, was sie wirklich wollte, wo sie im Leben stand, was ihr fehlte. Wir redeten darüber – aber ich merkte, dass sie sich ihre Entscheidung reiflich überlegt hatte. Es gab nichts mehr daran zu rütteln.

Ihre Worte waren wie ein Schlag ins Genick. Ich konnte machen, was ich wollte, unsere Beziehung war nicht mehr zu halten. Ich hatte gestrampelt und alles versucht – erreicht hatte ich nichts. Es fühlte sich an, als würde mir die Macht über mein eigenes Leben entgleiten. Mit zusammengebissenen Zähnen erledigte ich das, was kommen musste: das zweite Haus verkaufen, eine neue Wohnung suchen. Dabei hatte ich immer noch ein wenig Hoffnung, dass Carola und ich wieder zueinanderfinden würden, wenn sie sich darüber klar geworden war, was sie eigentlich vom Leben erwartete. Aber auch dazu musste es einen Neuanfang geben, der nur an einem neuen Wohnort möglich sein würde. So war mein Gefühl. Und wieder musste ich ein Haus verlassen, das ich mit eigener Kraft aufgebaut hatte, wieder Abschied nehmen von der Frau, die ich liebte und von dem Leben, was wir miteinander geführt hatten. Bis zu meinem Lebensende hatte ich mit dieser Frau in diesem Haus bleiben wollen – mit einem Schlag war alles vorbei, ohne dass ich etwas dagegen tun konnte.

Für Nicole und mich alleine wäre das Haus zu groß gewesen. Simone war mittlerweile erwachsen und bereits ausgezogen. Ein Käufer für das Haus war bald gefunden. Ich funktionierte und konnte gar nicht so schnell verarbeiten, was mit mir geschah. Dann musste ich auch noch Abschied von Nicole nehmen. Nach dem Verkauf des Hauses wollte sie mit ihrem Freund Karl in eine gemeinsame Wohnung ziehen. Auch das war nicht aufzuhalten. In ihrem Fall war es der natürliche Gang der Dinge. Dennoch schmerzte mich auch dieser Verlust sehr.

Sie zog in eine geeignete Zweizimmerwohnung in Sulz bei Lahr. Es war ganz in der Nähe von meiner ersten eigenen Wohnung, wo wir als junge Familie gelebt hatten. Damals war sie noch ein Baby gewesen. Ich half ihr beim Einrichten der neuen Wohnung, und sie nahm schweren Herzens Abschied von unserem Haus in Kippenheimweiler. Der neue Besitzer des Hauses wollte so bald wie möglich einziehen, also suchte und fand ich eine Mietwohnung in Orschweier – für mich alleine. Meine Töchter, einige Bekannte und mein Freund Manfred halfen mir beim Umzug.

Ich erledigte weiterhin alles, funktionierte nach außen – aber in mir drin war nur noch Schmerz und Trauer. Wenn ich von meiner neuen Arbeit zurück in meine neue Wohnung kam und alleine in meinem Sessel saß, stürzte alles auf mich ein. Mein Leben schien an mir vorbei zu ziehen, es war, als wäre ich gar nicht mehr daran beteiligt. Wie sollte ich diesen Totalverlust verkraften? Alles, was mir im Leben wichtig gewesen war, was ich liebte und schützen wollte, war mir abhandengekommen: meine beiden selbst gebauten Häuser, meine Arbeitsstelle nach 23 Jahren, meine erste Frau Inge, meine beiden Kinder Simone und Nicole, meine Mutter, meine zweite Frau Carola – alles war weg.

Wir schrieben das Jahr 1997, ich war 47 Jahre alt. Was war mit meinem Leben passiert? Wo war ich gelandet? Verzweifelt suchte ich nach Antworten. Ich war nicht mehr Herr meiner selbst, fühlte mich in den Händen einer fremden Macht. Wo würde mich das Leben hinführen? Würde ich nur noch leiden müssen, in Gedanken an die Vergangenheit? War es Zeit, aus dem Leben zu gehen? Ich fing an zu beten und fragte den lieben Gott, was ich eigentlich verbrochen hatte, um so bestraft zu werden. Ich hatte immer nur Liebe und Harmonie gesucht, das konnte doch nicht falsch gewesen sein?

Es verging eine ganze Weile, wo ich mich der Trauer um meine Verluste ganz und gar hingeben musste. Ich hatte gar keine andere Wahl, meine Gefühle gaben es mir so vor. Es war eine schlimme und grausame Zeit. Ich spürte keinerlei Kraft mehr, um mir ein weiteres Mal aus dem Nichts ein neues Leben aufzubauen. Mein Blick, meine Gedanken gingen nur in die Vergangenheit. Ich war todtraurig über all das, was ich verloren hatte: Zweimal war ich verheiratet gewesen, zwei Kinder hatte ich großgezogen, zwei Häuser gebaut. Alles hatte ich verloren. Was sollte noch kommen? Woher sollte ich die Kraft für einen weiteren Neuanfang nehmen? Ich war wie gelähmt.

Dann, zaghaft aber bestimmt, begann ich mich langsam selbst am Schopf zu packen und wieder vom Boden hochzuziehen. Ich wollte mich noch nicht abschreiben, ich wollte leben! Wieder und wieder hörte ich ein Lied von Marius Müller-Westernhagen: »Ich bin wieder hier«. Dabei spürte ich, wie neue Kräfte in meinen Körper und mein Herz strömten. Ich war bereit, zu kämpfen. Für mich und meine Kinder. Ich wollte für die beiden da sein und ihnen beiseitestehen. Ich war Vater und durfte jetzt nicht einfach aufgeben. Immer wieder schwor ich mir selbst: »Ich gebe nicht auf. Ich kämpfe wie ein Löwe«.

Schmerz und Verlust

In unserem mittlerweile verkauften Haus hatte auch ein Siam-kater namens »Snoopy« gelebt. Wir liebten ihn alle sehr. Nicole nahm ihn mit in ihre neue Wohnung. Snoopy war schon seit Längerem fast erblindet. Für uns war es traurig mit anzusehen, dass er seine neue Umgebung bei Nicole gar nicht wirklich erkunden konnte. Es kam soweit, dass er sich verlief und nicht mehr nach Hause zurückfand. Ich fühlte mich dem Tier sehr verbunden, mein Gefährte sollte nicht einfach auf der Strecke bleiben. Wir suchten die ganze Gegend nach ihm ab, setzten eine Suchanzeige in die Zeitung – alles ohne Erfolg. Wir gaben die Hoffnung schließlich auf, aber der Schmerz über sein tragisches Ende saß tief. Dann stieß Nicole zufällig auf eine Annonce: »Wer vermisst einen erblindeten Kater mit einem Knick im Schwanz?«

Überrascht und aufgeregt setzen wir uns sofort mit den Leuten in Verbindung – es war tatsächlich Snoopy, der auf diesem Weg wieder zu uns zurückgefunden hatte. Das Tier war fast nicht wiederzuerkennen, ganz abgemagert sah er aus, mit zotteligem Fell. Ja, er war »nur« eine Katze, aber Nicole und ich waren überglücklich, dass er nicht unter die Räder gekommen war. Jetzt nahm ich ihn mit in meine Wohnung, duschte und puderte ihn, ging zum Tierarzt. Ich fühlte mich diesem Tier sehr nahe. Auch er hatte gegen seinen Willen sein Zuhause verloren und war auf der Strecke geblieben. Sein elendes, erblindetes Dasein erinnerte mich an meine eigene verzweifelte Situation, es war wie eine Seelenverwandtschaft. Durch seine Anwesenheit fühlte ich mich nicht mehr ganz so alleine. Ich sprach mit ihm und erzählte ihm, dass Frauchen uns verlassen hatte und wir nun alleine wären. Er kuschelte sich zu mir, suchte immer meine Nähe und genoss wie ich die Wärme und Geborgenheit. Was für eine Liebe und einen Trost so ein Tier doch schenken kann!

Zu meinem Leidwesen wurde mein betagter Gefährte zusehends schwächer, seine Bewegungen immer mühevoller. Die Blindheit schritt weiter voran, er konnte schließlich gar nichts mehr erkennen und stieß überall mit dem Kopf an. Es war ein Bild des Elends. Auch meine vielen Besuche beim Tierarzt konnten nichts daran ändern. Es schmerzte mich furchtbar, ihn so zu sehen. Eines Tages sprach ich mit meinen Töchtern über die Situation: »Wenn wir ihn lieben, müssen wir ihn von seiner Qual erlösen. Er hat es nicht verdient, so leiden zu müssen«. Auch die Tierärztin stimmte diesem Schritt zu. Ich hätte ihn liebend gerne bei mir behalten – aber ein Ende mit Schrecken war der letzte Liebesbeweis, den ich ihm erbringen konnte. In großer Trauer begleitete ich ihn in den letzten Sekunden seines Lebens und nahm den toten Körper mit in meine Wohnung. Dort habe ihn neben der Terrasse beerdigt. In das Grab gab ich noch einige Kleinigkeiten, die er im Katzenhimmel vielleicht noch brauchen würde.

Himmel und Hölle

Mit meinem Kater hatte ich ein weiteres Lebewesen verloren, das ich sehr liebte. Gott hat mir wohl die Aufgabe zugeteilt, mit Schmerz und Verlust zu leben. Ich sollte und wollte dies mit Würde tun – was mir im Fall meines Katers gut gelungen ist.

Mit dem Verlust meiner Ehe konnte ich leider weitaus weniger würdevoll umgehen. Auch Carola hatte Snoopy sehr gern gehabt. Als er nach dem Umzug verloren ging, erzählte ich ihr von seinem Verschwinden. Sie hatte sich wieder neu verliebt, was meiner Hoffnung auf einen Neuanfang endgültig den Garaus machte. In ihrem Zustand erreichte ich sie gar nicht mit meiner Botschaft von der Katze. Sie schwebte in anderen Sphären und schien für Nachrichten aus der Vergangenheit unerreichbar.

Die neue Beziehung meiner Frau war unerträglich für mich. Damit war ein endgültiger Strich unter unsere Ehe gezogen, ich hatte Carola ein für alle Mal verloren. Dass sie nun auch noch einem anderen gehörte, ging über mein seelisches Fassungsvermögen. Ich suchte nach Mitteln und Wegen, um meinen Schmerz zu betäuben. Um nichts in der Welt wollte ich zum Alkohol greifen und es meinem teuflischen Vater gleichtun. Ich lenkte mich ab, besuchte Veranstaltungen, unternahm Kurzreisen. Bilder schlichen in meinen Kopf, wie Carola einen anderen liebte. Das peitschte mich so auf, dass ich in Gedanken zum Mörder wurde. In meinem verrückten Kopf lockte ich sie an einen Ort, wo ich sie tötete. Ich war wie von Sinnen. Es schien keinen Ausweg zu geben, um jemals wieder zur Ruhe zu kommen. Es war, als hätte das Böse von mir Besitz ergriffen, meine grausamen Gedanken hatten sich verselbstständigt. Was mich letztendlich wieder zur Vernunft brachte, war der Gedanke an meine Töchter: Sie sollten keinen Mörder zum Vater haben.

Mein Freund Manfred hatte zu mir gesagt: »Jeder bekommt das, was er verdient. Keiner bleibt verschont.« Der Glaube, dass unser Schicksal letztendlich für Gerechtigkeit sorgt, war ein wichtiger Trost für mich. Heute frage ich mich: Was war es nur gewesen, das mir damals in der grausamen Leere und Hoffnungslosigkeit wieder neue Energie gegeben hat? Welche Kraft hat es geschafft, mich aus meiner tiefen Trauer ins Leben zurückzuführen? Es fühlte sich so beschützend an, so eingebungsvoll wie ein Engel, der mir in meinen teuflischen Gedanken die Hand zu reichen schien. Gedanken und Pläne kamen mir zugeflogen, die mich nach und nach aus meinem Tief ins Leben zurückholten. Ich nahm die Eingebungen wahr wie gut gemeinte Befehle, die ich bereit war, zu befolgen. Erstens: meine neue Wohnung nicht so steril, sondern gemütlich und warm einrichten. Zweitens: Kleider kaufen, in denen ich mich wohlfühle und gerne unter Menschen gehe. Drittens: offen für neue Bekanntschaften sein und Freundschaften schließen. Viertens: für meine Kinder kämpfen, so wie es meine Mutter für mich getan hat. Fünftens: meine Kraft und Erfahrung für meine neue Arbeit als Hotelpförtner einsetzen. Sechstens: mich selbst hegen und pflegen, mir Freude bereiten. Siebtens: loslassen, was mich belastet und zulassen, was mir gut tut. Und schließlich noch achtens: psychosomatische Hilfe in Anspruch nehmen.

Es war ein Moment in meinem Leben, in dem ich die Wahl zwischen Engel und Teufel hatte: Entweder lasse ich mich hängen und erteile meiner lebensfeindlichen Trauer dauerhaft die Macht über mich oder ich nehme mein Leben neu in die Hand und entschließe mich für ein lebensbejahendes, positives Dasein. Da ich den »Teufel«, das negative, unheilvolle und lebensfeindliche Element, immer in Verbindung mit dem Leben meines Vaters gesehen habe, war ich fest entschlossen, mich dieser Kraft entgegenzustellen.

Ich hielt mich an die guten Eingebungen und befolgte sie in allen Punkten. Ich rappelte mich immer wieder auf, nahm professionelle Hilfe in Anspruch, ging brav arbeiten, war offen für Begegnungen mit unbekannten Leuten, richtete meine Wohnung gemütlicher ein und kaufte immer wieder einmal etwas ganz für mich alleine. Nach dem Hausverkauf hatte ich etwas Geld in Reserve. Ich belohnte mich selbst für all die Bauarbeiten am verlorenen Haus und kaufte mir ein Auto, einen BMW 525i, dazu kleidete ich mich neu ein. So kam ich schon ganz anders daher, vor allem hatte ich selbst wieder mehr Freude an meinem eigenen Auftreten. Wenn ich abends nach dem Feierabend durch Freiburg lief, stellte ich fest, dass ich in meinem vorherigen Alltag nie etwas für mich selbst gekauft hatte – sondern immer nur für die Frau oder meine Kinder. Mich hatte ich dabei ganz vergessen. Umso mehr Spaß machte es, mir selbst auch einmal kleine Dinge zu gönnen. Bis heute ist es so geblieben, dass ich mein »Geschenk« dann zu Hause betrachte, es befühle, gebrauche und mich von Herzen darüber freuen kann, wie ein kleines Kind. Ich begann zu lernen, mir selbst etwas Gutes zu tun und nicht immer nur an andere zu denken – ein wichtiger Schritt auf dem Weg zu mehr Selbstbewusstsein.

Einen weiteren Wunschtraum erfüllte ich mir mit einem Motorrad und dem dazugehörigen Führerschein. Es war eine Suzuki Bandit 1200, eine kraftvolle Maschine, auf der ich meine erzwungene Freiheit auch etwas genießen konnte. Das hatte ich mir schon lange gewünscht; meine Partnerinnen waren immer dagegen gewesen. Jetzt konnte ich mir diesen Traum erfüllen. Ein Arbeitskollege kaufte sich zur gleichen Zeit dieselbe Maschine, und wir unternahmen einige schöne Fahrten zusammen.

Neben mir selbst waren es meine beiden Töchter, denen ich meine Liebe und Aufmerksamkeit schenken wollte. Auch sie hatten unter der Beziehungskrise von Carola und mir gelitten, und es gab viel nachzuholen.

Trotz dieser wichtigen Schritte in Richtung Zukunft blieb mein Herz traurig und schwer. Ich fühlte mich zutiefst verletzt und unfähig, eine neue Beziehung anzufangen. Ich spürte, dass ich mich jetzt um mich selbst kümmern musste, dass es tiefe Wunden gab, die ich selbst aufarbeiten musste, um vielleicht irgendwann einem neuen Partner zu begegnen – unvoreingenommen und mit neuer Kraft. Aber daran war jetzt gar nicht zu denken, ich wollte und musste jetzt mein eigenes Leben führen. Es war ein Trauerprozess, den ich ohne Partner durchmachen musste, es gab keinen anderen Weg. Ich war auch felsenfest davon überzeugt, dass das Maß an Verletzungen endgültig voll war und ich kein drittes Mal heiraten würde.

Heute frage ich mich, warum ich erst allein sein musste, um mir selbst etwas Gutes zu tun. Es ist mir bewusst geworden, dass man sich Träume erfüllen sollte, auch wenn sie beim Partner Gleichgültigkeit oder Gegenwind erzeugen. Nur so bleibt man selbst glücklich und zufrieden – was sich letztendlich positiv auf die Beziehung auswirkt.

Eine unheilvolle Nachricht

Als ich eines Tages wie gewohnt im Hotel in Freiburg arbeitete, erreichte mich ein Anruf von einer Filiale der Volksbank – mit einer unheilvollen Nachricht, die mir augenblicklich den Boden unter den Füßen wegzog. Über diese Bank hatten Carola und ich damals den Hauskauf finanziert. Unseren persönlichen Berater kannten wir auch privat gut und schätzten ihn sehr. Mit »Rudi« trafen wir uns in der Freizeit und auf Partys, sogar einen Urlaub hatten wir schon zusammen verbracht. Er besaß unser volles Vertrauen. Etwa ein Jahr vor dem Ende unserer Ehe waren wir bei ihm in der Bank gewesen. Damals war die Laufzeit der festgeschriebenen Zinsen abgelaufen, und Rudi hatte dazu neue Verträge vorbereitet, die ich vertrauensvoll unterzeichnete. Die Bedingungen waren angeblich sehr günstig, und ich konnte mithilfe des fortlaufenden Kredits unsere neue Küche einrichten.

Bei diesem Telefonanruf war jedoch nicht wie gewohnt Rudi am Apparat. Es war ein Kollege von ihm, der seine Urlaubsvertretung übernommen hatte. Er fragte mich, wann wir das zweite Konto ausgleichen wollten, nachdem unser Baukonto durch den Hausverkauf schon auf Null wäre. Erstaunt und verwirrt antwortete ich, dass wir kein zweites Konto hätten, es müsse ein Irrtum vorliegen. Daraufhin teilte er mir mit, dass unter der Eröffnung des Kontos meine Unterschrift stehen würde. Ich müsse doch wissen, was ich unterzeichnet hätte, das sei ihm unverständlich. Kein Wunder, dass ihm das komisch vorkam. Dann ließ er die Bombe platzen: Dieses Konto, mein Konto, war mit einem Soll von 132000 Mark belastet.

Als ich die Summe vernahm, wurde mein Kopf augenblicklich blutleer, die Angst fuhr mir in den Magen, ich musste mich setzen, der Schweiß rann mir übers Gesicht. Ich bat darum, die Angelegenheit weiter zu besprechen, wenn mein Sachbearbeiter wieder aus dem Urlaub zurück wäre.

Bis dahin vergingen weitere zehn Tage, der besagte Angestellte rief fast täglich bei mir an, um die Angelegenheit weiter aufzuklären. Da ich keine Ahnung hatte, was vorgefallen war, konnte ich ihm nichts Neues mitteilen, auch wenn ich über nichts Anderes mehr nachdachte. In meiner Not sprach ich Carola darauf an. Als ich ihr mitteilte, dass nur meine und nicht ihre Unterschrift auf dem Papier stehen würde, zog sie sich unmittelbar aus der Sache zurück und wollte nichts damit zu tun haben. Ein weiteres Problem, mit dem ich alleine zurückgelassen wurde.

Als Rudi wieder im Lande war, bat ich ihn eindringlich, unverzüglich bei uns zu Hause zu erscheinen. Er willigte ein, und wir verabredeten uns am selben Abend. Nervös fieberte ich dem Grund für meine fatale Situation entgegen. Schon beim ersten Blick in seine Augen konnte ich sehen, dass er ein schlechtes Gewissen hatte. Nach und nach rückte er mit der Wahrheit heraus: Er habe eine große Dummheit begangen, und mein Vertrauen ausgenützt, um ein Konto auf meinen Namen zu eröffnen. Bei der besagten Zinsfestschreibung hatte er mir ein Formular untergejubelt, das ich »blind« unterschrieben hatte. Ich hatte unbemerkt ein Konto eröffnet, auf dem er dann diese immensen Schulden hinterlassen hatte. Er hatte das ganze Geld an der Börse verspekuliert! Mit hochrotem Kopf und sichtbar beschämt entschuldigte er sich. Er hätte schon regelmäßig monatlich kleinere Beträge zurückbezahlt und wollte dies auch weiterhin tun, bis das Konto wieder ausgeglichen sei. Es wäre niemandem aufgefallen, wenn wir nicht das Haus so schnell wieder verkauft hätten, woraufhin die Ablösung der Konten über eine Treuhandgesellschaft abgewickelt worden war. Mein damit ehemaliger Kumpel Rudi machte mir dann den Vorschlag, die riesige Summe weiterhin monatlich in Raten abzuzahlen. Darauf wollte ich mich nicht einlassen: Wäre ihm beispielsweise etwas passiert, hätte ich für seine Schulden aufkommen müssen – ein Risiko, mit dem ich keinesfalls leben wollte. Wieso sollte ich ihm auch so einen Freundschaftsdienst erweisen, nachdem er mich so hintergangen hatte. Aufgebracht teilte ich ihm mit, dass er genau acht Wochen Zeit habe, um das Konto auszugleichen und aufzulösen. Nach Ablauf der Frist würde ich

Strafanzeige gegen ihn erstatten. Ich hatte schon ein Schriftstück mit meinen Bedingungen vorbereitet, worauf er seine Schuld anerkennen musste – was er auch tat. Ich schlief nicht gut in dieser Nacht und machte mir große Sorgen, ob dieser Kelch wohl an mir vorübergehen würde.

Am nächsten Tag überwies er den Betrag von 132000 Mark und löste das Konto auf. Danach habe ich nie wieder etwas von ihm gehört, nicht einmal eine Entschuldigung brachte er zustande. Der Schreck saß mir nach diesem »Überfall« noch lang in den Knochen. Wenn ich den Briefkasten öffnete oder das Telefon klingelte, überkam mich immer wieder Misstrauen: War die Sache wirklich ausgestanden? Erst nach längerer Zeit verlor dieser Schreck seine Macht über mich.

Heute muss ich immer noch aufpassen, dass ich meine Gutmütigkeit und Hilfsbereitschaft nicht an die Falschen verschenke. Was mir von der Geschichte mit Rudi blieb, war die Enttäuschung auf menschlicher Seite. Er war ein Freund gewesen, wir hatten gute Zeiten miteinander verbracht, ich hatte ihm ganz und gar vertraut. Dazu kam, dass ich viel Kraft und Schweiß in den Umbau seines Hauses gesteckt hatte. Das ganze Dachgeschoss hatte ich kostenlos für ihn ausgebaut. Für diesen Freundschaftsdienst hatte ich nun diese Quittung bekommen.

Dritter Neuanfang

Nach einer Zeit der schweren Trauer um den Verlust von Carola ging ich schließlich und endlich wieder unter Leute. Ich spürte den Drang nach Geselligkeit, ließ mich treiben, sah mir Freiburg und Umgebung an, am Wochenende ging ich tanzen. Dann hörte ich von der Eröffnung eines neuen Tanzlokals, dem »Amadeus« in Riegel am Kaiserstuhl. Der Laden gefiel mir sehr gut, ich fühlte mich von Anfang an wohl und hatte nicht wieder das Gefühl, mich erst einmal verstecken zu müssen. Ich war offen für neue Begegnungen und lernte schon bald einige nette Leute kennen, sowohl Singles als auch Paare. Nach einigen Besuchen in diesem Lokal fiel mir eine sehr attraktive Frau auf. Sie besaß ein schönes Lächeln und eine hinreißende Ausstrahlung. Zusammen mit anderen Gästen stand sie am Tresen und wurde immer wieder zum Tanzen aufgefordert. Kein Wunder – auch auf der Tanzfläche machte sie eine tolle Figur. Ich konnte meine Blicke kaum noch von ihr lassen und musste mich zusammenreißen, dass ich sie nicht unentwegt anstarrte. Sie war ein eher dunkler Typ mit wunderschönen schwarzen Haaren, die sie hochgesteckt trug, was ihr sehr gut stand.
In der kommenden Zeit erspähte ich sie immer wieder in diesem Lokal. Schon bald hatte sie sich in mein Herz und meine Träume geschlichen. Ich spürte eine starke Anziehungskraft und hätte sie liebend gerne zum Tanzen aufgefordert. Aber der Mut verließ mich immer wieder. Sie war geübte männliche Tänzer gewohnt – ich hatte Angst, mich zu blamieren und alles zu vermasseln. Wieder einmal war mein Selbstbewusstsein zu schwach. Gleichzeitig steigerte sich meine Sehnsucht, diese schöne Frau an meiner Seite zu haben. Das waren aber nur Träume, in der Realität malte ich mir keine Chancen aus. Tatsächlich war es aber so, dass sie mir manchmal in die Augen sah und mir sogar gelegentlich ein Lächeln schenkte – das meinen Körper dann wie ein warmer Schauer durchfuhr.

In den folgenden Wochen hielt ich vergebens nach ihr Ausschau; sie schien von der Bildfläche verschwunden zu sein. Das enttäuschte mich, denn mittlerweile ging ich in das Lokal, um sie zu sehen. Ich machte mich für sie schick und parfümierte mich ein, um ihr zu gefallen. Ich erkundigte mich bei einigen Bekannten und einer Bedienung an der Bar und fand heraus, dass sie Rita hieß, von einigen Bekannten Lisa genannt wurde und dass sie sich zurzeit in einer Klinik aufhielt. Es vergingen viele Abende, an denen ich ihre Anwesenheit vermisste. Ich sah auch keine andere Frau, die eine ähnliche Anziehungskraft auf mich gehabt hätte. Also wartete ich Wochenende für Wochenende auf ihre Rückkehr. Als ich sie dann endlich im selben Lokal wiedersah, stand sie eng umschlungen da – in den Armen eines anderen. Der Anblick erschrak mein sehnsuchtsvolles Herz, es war spürbar zusammengezuckt und lag augenblicklich ganz schwer in meiner Brust. Aufgebracht und unruhig lief ich durch das Lokal, um eine Antwort auf meine ungestellten Fragen zu finden. Schließlich sprach ich wieder die nette Bedienung hinter der Bar an – ja, die Rita war jetzt in festen Händen und sehr glücklich darüber. Das reichte mir, und den Anblick des frisch verliebten Paares konnte ich auch nicht länger ertragen. Ich verließ das Lokal und redete mir ein, dass ich noch gar nicht für eine neue Beziehung bereit war.

Trotz der eindeutigen Situation und meinem angeblich passenden Singledasein ging mir Rita nicht mehr aus dem Kopf. Ich wünschte sie an meine Seite, sehnte mich nach einem glücklichen Zusammenleben. Ich besuchte weiterhin das »Amadeus«, wo ich mittlerweile schon einen Stammplatz besaß. Ich hatte einige nette Bekannte gefunden und unterhielt mich besonders gerne mit besagter Bardame, was oft lustig war und mich aufheiterte. Auch Rita sah ich noch einige Male, aber immer in Begleitung. Es war nicht zu übersehen, dass sie glücklich war. Dabei besaß sie eine noch schönere Ausstrahlung als zuvor.

In mir kam Wut auf, gegen mich selbst gerichtet: Warum hatte ich nicht den Mut aufgebracht, sie anzusprechen? Wieso hatte ich mich nicht überwinden können und sie zum Tanzen aufgefordert? Wir hätten uns unterhalten können, beschnuppern, ich hätte meine

Zuneigung und mein Interesse zeigen können, wovon sie ja nie etwas erfahren hatte. Aber es war offensichtlich zu spät. Vielleicht war es auch gut so und ich war noch nicht so weit. Trotzdem hielt ich fest an den schönen, lebensbejahenden Gedanken an diese Frau – und konnte damit auch die Trauer um Carola etwas kleiner werden lassen. Dieses Scheitern hatte ich zwar noch lange nicht verarbeitet, aber meine Schwärmerei gab mir neue Kraft und Optimismus.

Dann gab es eine längere Unterbrechung, weil ich mit meinem Freund Manfred einige große Reisen unternommen habe; wir waren zusammen in Afrika und auch in Kanada unterwegs. Wenn ich mich während unserer Reisen nach einer Frau sehnte, dann war es Rita. Immer noch geisterte sie in meinem Kopf herum. Als Manfred und ich schließlich wieder ins »Badner Land« zurückkehrten, führte mich einer meiner ersten Wege zurück in das Tanzlokal. Ich stieß gleich auf meine Bekannte hinter der Bar, die mich überaus freudig begrüßte und sich interessiert nach meinen Erlebnissen erkundigte. Es war schön, so herzlich willkommen zu werden. Dennoch schaute ich mich immer wieder nervös um, ob die schöne Unbekannte irgendwo zu entdecken war. Zu meiner großen Enttäuschung war sie nicht da. Auf meine Frage hin erfuhr ich, dass Rita wohl schon länger nicht mehr dort gewesen war.

Bis zu unserem Wiedersehen sollten noch einige Monate vergehen. Dann, eines Abends, als ich gerade das Lokal betreten wollte, kam sie mir entgegen. Unsere Blicke trafen sich kurz, und ich war so überrascht, dass ich sie spontan ansprechen konnte. Ich erfuhr, dass sie im Altenpflegeheim arbeitete und am nächsten Tag Frühschicht haben würde. Daraufhin verließ sie die Disco, aber das war nicht weiter schlimm: Das Eis war gebrochen, wir waren im Gespräch! Die kurze Unterhaltung hat mich sehr aufgewühlt, mein Herz klopfte bis in die Haarspitzen, mir wurde ganz flau zumute und ich war mit einem Mal bester Laune. Endlich hatte ich einen Draht zu dieser Frau gefunden. Als ich dann noch erfuhr, dass Rita wieder ungebunden war, konnte ich meine Aufregung kaum noch beherrschen. In meinem Eifer überredete ich Manfred, doch einmal mit in den Tanzschuppen kommen. Er war alles andere als ein Discogänger: Mit dem Tanzen hatte er nichts am Hut, es war ihm zu laut und zu verraucht. Aber er merkte wohl, dass es mir wichtig war und sagte zu.

Also standen wir zwei einsamen Herren schließlich in der Nähe der Tanzfläche an einem Tisch und nippten an einem Getränk. Wir müssen einen sehr verlorenen Eindruck gemacht haben. Da sah ich sie an der Bar stehen, Rita. Aus der Ferne winkte sie uns zu – mit einem zauberhaften Lächeln. Angespornt schubste ich Manfred an: »Na, wie wäre es mit einem Tänzchen? Sind doch sehr nette Damen anwesend!« Daraufhin sagte Manfred, es sei »nichts Gescheites anwesend, bis auf die Dame an der Bar mit den schwarzen Haaren«. Hätte ich mich nicht zusammengerissen, wäre das Lachen wohl aus mir herausgeplatzt. Einen Augenblick später war Damenwahl angesagt – und Rita lief tatsächlich auf uns beide zu. Jetzt wurde es ernst. Sie begrüßte uns beide und fragte schließlich *mich*, ob ich mit ihr tanzen möchte. Und ob ich wollte! Wie lange hatte ich mir das gewünscht, auch wenn mir meine eigene Unsicherheit wieder einmal große Angst eingejagt hatte. Ausgerechnet diese tolle Tänzerin holte mich aufs Parkett. Aufgeregt, zitternd, schwitzend und mit wackligen Beinen erreichte ich mit ihr die Tanzfläche. Kaum hatten wir die ersten Schritte zusammen gemacht, entschuldigte ich mich nervös dafür, dass ich kein guter Tänzer sei und dass sie hoffentlich trotzdem mit meinem Tanzstil zurechtkäme. Dann dachte ich wohl, ich müsse die lang ersehnte Gelegenheit nützen und meine Angebetete am besten gleich mitnehmen. Unvermittelt fragte ich sie, ob sie mit mir in ein anderes Tanzlokal und in ein Restaurant gehen würde. Rita war sichtbar überrascht darüber, wie schnell die Kanonen schießen. Sie zögerte. Dann sah sie auch noch den goldenen Ring an meiner rechten Hand – und lehnte meine Einladung ab. Das Lied ging zu Ende, ich musste Rita wieder zurück an ihren Platz bringen. Ich bedankte mich für ihre Einladung zum Tanz und lief zurück zu Manfred, der ein langes Gesicht machte und gleich nach Hause wollte. Also brachen wir auf. Ich verabschiedete mich noch kurz von Rita, die unseren schnellen Aufbruch bedauerte. Mein Auftritt kam mir selbst etwas komisch vor, aber was sollte ich machen – ich war verliebt in diese Frau.

In den Tagen vor dem 1. Mai 1999 fragte mich meine gute und treue Freundin Judith, ob ich mit ihr zum »Tanz in den Mai« in das »Amadeus« gehen würde, und ich sagte zu. Mir war zwar nicht gerade zum Tanzen zumute, weil ich mich dabei so unsicher fühlte. Aber ich wollte gerne wieder einmal unter Menschen und Musik hören. Zu meiner Überraschung war auch Rita an diesem Abend da. Noch überraschender war allerdings, dass sie mich ein zweites Mal zum Tanzen aufforderte. Ich schwitzte stark, auch meine Hände waren ganz feucht. Zappelig wie ich war, musste ich mich sehr konzentrieren, um einigermaßen ordentlich zu tanzen. Anschließend kamen wir ins Gespräch, auch Judith stand dabei. Als Rita sagte, dass sie uns nicht weiter stören wolle, merkte ich, dass sie Judith und mich für ein Paar hielt. Daraufhin stellte ich ihr meine Begleitung ausdrücklich als alte Freundin vor. Ich malte mir keine großen Chancen bei Rita aus, aber ich blieb auch in den folgenden Wochen beharrlich und ließ nicht locker. Immer wieder zeigte ich ihr mein ehrliches Interesse. Das muss sie letztendlich beeindruckt haben – wir waren zusammen, endlich!

Eine verletzte Seele braucht Verständnis

Zwischen Rita und mir entwickelte sich eine große Liebe. Es war anders als in meinen vorherigen Beziehungen, aber nicht weniger intensiv, sondern voller Leidenschaft. Immer suchte ich ihre Nähe, und wir verbrachten viel Zeit miteinander. Auch in ihrer geschmackvoll eingerichteten Wohnung fühlte ich mich ausgesprochen wohl. Ich war unendlich froh darüber, nicht mehr alleine zu sein und so eine wunderbare Frau gefunden zu haben. An den Wochenenden gingen wir regelmäßig zusammen in das Tanzlokal, wo alles begonnen hatte. Stürmisch und überschwänglich tanzten wir miteinander. Nachdem der Druck und die Unsicherheit von mir abgefallen war, konnte ich mich viel freier bewegen. Wir gaben ein schönes Paar ab – auf der Tanzfläche und anderswo.

Auch als ich für einige Wochen in eine psychotherapeutische Klinik nach Blieskastel ging, fuhr ich jedes Wochenende zu ihr. Wir tanzten uns gemeinsam die Sorgen von der Seele, fühlten uns leicht und glücklich. Die Fahrerei war anstrengend, aber das nahm ich natürlich gerne in Kauf. Auch Rita nahm den Weg auf sich und besuchte mich in der Klinik.

Ich kam zurück aus der Kur und feierte meinen fünfzigsten Geburtstag, zusammen mit meinen Lieben. In mir festigte sich langsam das Gefühl, dass diese Frau die Richtige für mich ist und dass wir beide zusammengehören. Wir suchten und fanden eine gemeinsame Wohnung in Herbolzheim – eine große, sehr schön ausgebaute Dachwohnung. Einmütig richteten wir die Wohnung ein. Rita hatte dafür ein gutes Händchen, sodass unser neues Zuhause schließlich sehr gemütlich und geschmackvoll gestaltet war.

Aber: Die psychische Bewältigung meiner Vergangenheit machte mir erst einmal einen Strich durch die Rechnung. Unsere Liebe, die gemeinsame Wohnung – für mich ging alles zu schnell. Meine verletzte Seele kam nicht hinterher, ob ich wollte oder nicht. Ich spürte, dass ich noch Zeit für mich brauchen würde, um mit meinen belastenden Erfahrungen ins Reine zu kommen. Damit man etwas Neues beginnen kann, muss das Alte erst abgeschlossen sein. Ich war noch zu sehr in Ängsten und Misstrauen gefangen, um mich Rita gegenüber wirklich öffnen zu können. Ich musste zuerst an mir selbst arbeiten und daran, dass Carola mich verlassen hatte. So kam es, dass Rita wieder auszog, in eine Wohnung nach Endingen. Ich blieb in Herbolzheim.

Wieder verwies mich mein Arzt in eine psychotherapeutische Kur, dieses Mal nach Wiesbaden. Es galt für mich, mein Selbstwertgefühl zu stärken und das verlorene Vertrauen zurückzugewinnen, zumindest teilweise. Nach diesem weiteren Klinikaufenthalt fühlte ich mich insgesamt etwas besser und kehrte zurück in die Wohnung, die ich jetzt allein bewohnte. Nun war ich also frei, um mit mir selbst und meinen negativen Erfahrungen zurechtzukommen. Der Gedanke war richtig gewesen, aber nun übernahm meine Sehnsucht die Macht. Jeden Tag nach der Arbeit lenkte ich mein Auto in Richtung Endingen, voller Verlangen nach Liebe und Geborgenheit. Die erkämpfte Freiheit wollte ich gar nicht mehr haben, ich wollte mit Rita vorwärtsgehen, in Richtung Zukunft, und die Last meiner Vergangenheit einfach abwerfen, wie ein nasses Handtuch. Dazu kam eine große Dankbarkeit dieser Frau gegenüber, die trotz des unvermuteten »Rauswurfs« weiterhin zu mir stand und mir Wärme und Geborgenheit schenkte.

Rita und ich hatten eine sehr schöne Zeit miteinander, ich möchte keine Minute davon missen. Ihr Verständnis, diese Toleranz hatte ich mir immer gewünscht. Mir wurde bewusst, dass ich dieses Geschenk des Himmels nicht aufs Spiel setzen darf und festhalten muss, am liebsten für immer: alles oder nichts! Ich wollte endlich mit Rita aufs Ganze gehen und plante einen Heiratsantrag. Dazu wählte ich unser Lieblingsrestaurant in Riegel aus, das »Amadeus« gab es mittlerweile leider nicht mehr. Ob sie meinen Antrag annehmen würde? Ich war voller Hoffen und Bangen.

Als wir im Restaurant saßen und sich meine treuen Wegbegleiter Heinrich und Marianne zu uns setzten, war Rita sichtlich überrascht.

Ich hatte die Freunde feierlich als »Zeugen« eingeladen. Dann gab ich vor, auf die Toilette zu müssen und holte einen besonders schönen Blumenstrauß aus dem Auto. Damit baute ich mich vor Rita auf. Aus vollem Herzen fragte ich sie, ob sie meine Frau werden wollte. Wir fielen uns weinend in die Arme, und sie sagte: »Ja.«

Unsere Trauung war am 07.07.2007. Damit war ein Fundament geschaffen, auf das wir unsere Liebe aufbauen konnten. Wir zogen erneut zusammen – und dieses Mal sollte es so bleiben. Das wünschte ich mir zutiefst.

In die Enge getrieben

Mit Rita, dieser verständnisvollen und toleranten Frau, die mir zur rechten Zeit meine nötige Freiheit gelassen hatte und trotzdem zu mir stand, wollte ich für den Rest meines Lebens zusammenbleiben. Tatsächlich sind Rita und ich in den folgenden sechs Jahren noch drei weitere Male umgezogen – auf der Suche nach unserem gemeinsamen Zuhause sind wir leider nirgends richtig angekommen. Zum einen lag das schlicht und einfach am »täglichen Kampf«, dem Alltag, der in fortschreitendem Alter immer schwerer zu bewältigen ist. Zum anderen musste und muss ich nach wie vor viel arbeiten, um mein Auskommen zu finanzieren und um Schulden abzubezahlen. Auch privat wollte ich es allen recht machen, besonders natürlich meiner Frau und meinen Kindern. Ich dachte, dieses Mal kriege ich sie alle zusammen unter einen Hut – falsch gedacht! Im Lauf der Zeit musste ich auf schmerzliche Weise feststellen, dass meine Frau weder Verständnis noch Geduld für meine Situation aufbringen konnte. Vor allem, nachdem sie selbst in Rente gegangen war, machte sie mir dauernd Vorwürfe, weil ich den ganzen Tag unterwegs war. Sie telefonierte mir ständig auf dem Handy hinterher und kämpfte um jede Minute, die ich früher zu Hause ankommen sollte. Ich aber brauche meine Freiheit und auch etwas Zeit für mich selbst. Ich unternehme gerne mal etwas mit Freunden zusammen, habe Interessen und Hobbys. Und außerdem gibt es natürlich noch meine Töchter, die mir sehr wichtig sind und mit denen ich auch Zeit verbringen will. Das war meiner Frau alles viel zu viel – oder auch zu wenig. Vielleicht bin ich wirklich ein Einzelkämpfer, der seine Ziele ohne Rücksicht auf die Mitmenschen erreichen will? So schön das Leben sein kann, manchmal ist es hart und ungerecht. Aus meiner Sicht jedenfalls tat ich mein Bestes, um es Rita recht zu machen. Nach ihren täglichen, unzähligen Telefonanrufen hastete ich sofort nach der Arbeit wieder heim – um mir doch nur weitere Vorwürfe anzuhören.

Nach den beiden gescheiterten Ehen hatte ich immer weiter für meine eigene Fähigkeit gekämpft, einer Partnerin vertrauen zu können. Dieser Glaube an den Partner ist in meinen Augen elementar für jede Liebe. Ich aber wurde kontrolliert, beobachtet, gemaßregelt. Mir wurde kein Vertrauen geschenkt.

Rita und ich waren uns im Klaren über unsere Unterschiedlichkeit, auch was unsere Auffassungen zum Leben und zur Partnerschaft angeht. Wir hatten große Probleme in der Kommunikation, unsere vielen Auseinandersetzungen waren aussichtslose Streitgespräche. Wir redeten aneinander vorbei und kamen nicht von der Stelle. Ich verstand sie nicht, sie verstand mich nicht. Sie stellte Fragen, die nicht zu meinen Antworten passten und umgekehrt. Wir kamen gar nicht dazu, über ein aktuelles Beziehungsthema zu sprechen. Alte Streitfragen mussten aufgewärmt und neu aufgekocht werden, Vorhaltungen wechselten den Besitzer. Wie sollten wir so unsere gemeinsamen Probleme erkennen und verbessern?

Ich kam in seelische Not, weil es nicht möglich war, über das zu sprechen, was mir auf dem Herzen lag. Was auch immer mich bedrückte, meine Frau bezog es sofort auf sich und fühlte sich persönlich kritisiert. Dabei ging es gar nicht immer um sie oder um uns, sondern auch mal nur um mich. Aber damit kam ich nicht bis zu ihr durch. Wie oft fühlte ich mich missverstanden! Ich hätte mir mehr Verständnis für meine Gefühle und Bedürfnisse gewünscht. Aber vielleicht fühlte sie sich auf eine Weise ähnlich. Ich versuchte, konkrete Vorschläge für unsere Kommunikation zu machen: Wir sollten versuchen, nicht immer gleich mehrere Themen auf einmal zu diskutieren, sondern uns auf ein Problem zu konzentrieren. Nach einem Gespräch sollte man erst einmal wieder etwas Abstand gewinnen und jeder denkt nochmals darüber nach, was man wie verändern könnte. Dann sollten wir uns ein weiteres Mal zusammensetzen und in Ruhe über unsere Anschauungen reden. Dabei fand ich es am wichtigsten, immer wieder aufeinander zuzugehen. So viel zu meiner Theorie. »Man muss die Liebe pflegen, damit sie erhalten bleibt«, das ist wohl wahr. Aber ich weigerte mich, mir von Rita einreden zu lassen, dass ich sie nicht richtig lieben würde. In meinem Herz war eben auch noch Platz für meine Kinder, meine Freunde und meine Hobbys. Aber ich liebte meine Frau deswegen nicht weniger oder falsch! Sie führte ein ganz anderes Leben als ich; ihres drehte sich nach ihrer Berentung nur noch um mich. Eigene Interessen oder Freunde hatte sie kaum, auch zu ihren weggezogenen Kindern bestand nur wenig Kontakt. Dass unser beider Liebe unter den vielen Auseinandersetzungen litt, entsprach den Tatsachen. Wir hätten in Ruhe nach den Gründen suchen und gemeinsam daran arbeiten sollen – nicht mit Schuldzuweisungen, sondern mit konstruktiven Vorschlägen.

Berufliche Schicksalsschläge

Zu Beginn des Jahres 2004 eröffnete sich mir eine verlockende Chance auf eine neue berufliche Existenz. Nachdem ich sieben Jahre als Haustechniker in einem Hotel tätig gewesen war, wollte ich mit meinen 53 Jahren noch einmal einen Neuanfang wagen: Ich kündigte meine Arbeitsstelle und übernahm mit meinem Freund Manfred zusammen einen Kiosk in der Freiburger Stadtmitte. Wir bauten das Geschäft eigenhändig um und vergrößerten es dabei, um zusätzlich Souvenirs aus dem Schwarzwald zu verkaufen. Vor dem Laden gab es einige Tische und Stühle mit Selbstbedienung. Nach anfänglichem Zögern übernahm ich die Position des Geschäftsführers, Manfred war der Gesellschafter. Ich kümmerte mich um die Angestellten und um den Ein- und Verkauf. Diese Selbstständigkeit war eine völlig neue Aufgabe für mich. Ich wollte meine Chance nutzen und arbeitete bis zum Umfallen. Das Risiko und die Verantwortung lagen nun in unserer eigenen Hand. In kurzer Zeit lernte ich sehr viel über die neue Branche. Nach und nach eignete ich mir das nötige Wissen an, um meine Aufgabe erfolgreich meistern zu können. Das forderte mich positiv und negativ heraus: Emsig und optimistisch arbeitete ich an sieben Tagen in der Woche – was mich letztlich so viel Kraft kostete, dass ich immer wieder völlig ausgebrannt war. Aber unser Geschäft lief recht gut, sodass ich die Zähne zusammenbiss und weiterkämpfte.

Dann, am 9.12.2005, ereilte mich ein Schicksalsschlag, den ich heute nicht verkraftet habe: Mein bester Freund und Gesellschafter Manfred verunglückte bei einem Autounfall – tödlich. Neben dem tragischen persönlichen Verlust stand meine berufliche Existenz damit vor dem Aus. Mir blieben nur zwei Möglichkeiten: entweder die Arbeitslosigkeit oder das Geschäft ganz übernehmen und den Erben auszahlen. Schnell stand fest: Ich wollte keinesfalls wieder ohne Arbeit sein, und ich hatte mit dem Geschäft mein Auskommen. Am 01. Januar 2008 wurde ich zum alleinigen Inhaber der »ESV GmbH«.

Leider währte mein Stolz über diesen mutigen Schritt nicht lange. Schon ein halbes Jahr später schlug die globale Wirtschaftskrise zu, und mein Kiosk schrieb nur noch rote Zahlen. Ich wollte nicht aufgeben, investierte, wartete ab und arbeitete noch mehr – bis ich den Kiosk Ende 2009 endgültig aufgeben und verkaufen musste. Meine privaten Rücklagen waren längst erschöpft, mir blieb keine andere Wahl: Ich musste die Notbremse ziehen, um mich nicht noch weiter zu verschulden. Da stand ich nun, mit meinen 59 Jahren und war arbeitslos. Wie sollte ich in diesem Alter nochmals eine neue Arbeitsstelle finden? Die laufenden Kosten mussten irgendwie gedeckt, die Schulden für den Kiosk zurückbezahlt werden. Der nächste Weg führte mich zum Arbeitsamt – ich war erst einmal auf Hilfe angewiesen. Dort wollte man mich kurzerhand mit »Hartz IV« abspeisen, weil ich zuletzt selbstständig gewesen war und somit keinen Anspruch auf »Arbeitslosengeld I« haben würde. Ich war fassungslos – wie soll ein Mensch in Deutschland von 345 Euro im Monat seinen Lebensunterhalt bestreiten können?

Ungläubig legte ich Widerspruch ein. Ich listete die 43 Dienstjahre auf, in denen ich bis auf ein halbes Jahr durchgehend gearbeitet und Steuern bezahlt hatte. Dazu berichtete ich von dem von mir gegründeten Verein »Interessengemeinschaft zur Vermeidung sozialer Härten durch Truppenabzug e. V.«, mit dem ich damals vielen Menschen dazu verholfen hatte, wieder eine Arbeitsstelle zu finden. Damit hatte ich den Staat vor der Auszahlung enormer Summen für Arbeitslosengeld bewahrt. Zudem hatte ich nach dem Tod meines Geschäftspartners mein Privatvermögen investiert, um das Geschäft zu retten und damit wiederum fünf Mitarbeiter vor der Arbeitslosigkeit geschützt. All das hatte ich in Eigenverantwortung geleistet und den Staat damit unterstützt. Und wer half mir jetzt? Mein Geschäft war nicht durch eigenes Verschulden pleitegegangen, sondern maßgeblich durch die Wirtschaftskrise im Jahr 2008.

Mein Widerspruch kam postwendend wieder vom Arbeitsamt zu mir zurück. Jemand hatte lediglich den Vermerk »Irrläufer« darauf geschrieben. Die Wut stieg in mir hoch – auf den deutschen Staat und die Bürokratie, wo das Leben eines Einzelnen nicht zählt. Ich fühlte Enttäuschung, Kränkung und Angst vor der Zukunft. Ich wollte meine Erfahrung veröffentlichen, um wenigstens von der Allgemeinheit Verständnis und Unterstützung zu bekommen. Ich schickte meine Geschichte an die die Bild-Zeitung, die unter der Rubrik »Bild hilft« für solche Fälle Hilfe anbot. Daraufhin teilte man mir mit, dass rechtlich nichts zu machen sei. Ich musste mich damit abfinden und ohne Hilfe weiterkommen – was in dieser Situation sehr schwer war. Es kam, wie es kommen musste – in meinem Alter fand ich keine Festanstellung mehr. Das Amt sagte mir, ich sei unvermittelbar. Von »Harz IV« konnte ich unmöglich meine laufenden Kosten bezahlen, was also sollte ich tun?

Schon bald kam ich derart in finanzielle Not, dass ich mir nicht mehr anders zu helfen wusste, als mich offiziell für krank erklären zu lassen. Knie, Schultern, Rücken – diese Körperteile waren durch die jahrzehntelange körperliche Schufterei in Mitleidenschaft gezogen worden. Dazu kamen depressive Phasen aufgrund meiner aussichtslosen beruflichen Situation, was die körperlichen Leiden verschlimmerte.

Es folgten insgesamt sechs Klinikaufenthalte; ich wurde an beiden Schultern, beiden Knien, am Daumen und am großen Zeh operiert. Zudem bekam ich sechs Schrauben in die Wirbelsäule eingesetzt. Die Eingriffe erfolgten zumeist aufgrund von Gelenkarthrose. Die Schmerzen waren teils echt, teils übertrieben, teils simuliert. Der Hauptgrund für die Operationen war, dass ich währenddessen und danach Krankengeld bekam und so überhaupt ein Einkommen hatte! Aufgrund der nachweisbaren körperlichen Einschränkungen wurde mir schließlich eine monatliche Erwerbsminderungsrente anerkannt. Diese wurde mittlerweile mit Abschlägen in eine Altersrente umgewandelt.

Heute bin ich 66 Jahre alt und beziehe eine kleine Rente. Weil das zum Leben nicht ausreicht, verdiene ich mir Geld dazu. Ich werde weiter arbeiten müssen – auch um die Altlasten aus meiner Selbstständigkeit endgültig abzubezahlen.

Der tragische Verlust meines besten Freundes

Bekannte und »Kumpel« hat man viele im Lauf des Lebens. Das Wort »Freund« ist schnell dahin gesagt – aber echte, tragfähige Freundschaften sind selten. So eine Beziehung sollte wie eine Ehe gute und schlechte Zeiten überstehen. Jeder hat dieselben Rechte und Pflichten, oberstes Gebot sind Vertrauen und Ehrlichkeit. Eine gute Freundschaft »im Rücken« bereichert und erleichtert unser Leben. Eine Unterstützung in der Not zählt so viel mehr als spaßige Momente und unterhaltsame Abende!

Auf meinen Freund Manfred konnte ich mich immer voll und ganz verlassen. Und umgekehrt. Zwischen uns war ein Geben und Nehmen. Hatte einer von uns Probleme, war der andere für ihn da – ohne jede Einschränkung. Ich war bei Manfred in besten Händen. Nachdem Manfred 2005 bei einem schrecklichen Autounfall ums Leben gekommen war, tat sich eine große Kälte und Leere in mir auf. Ich vermisse ihn bis heute schmerzlich an meiner Seite. Manchmal werde ich so traurig über seinen Tod, dass es mir so scheint, als ob meine Trauer mehr wird statt weniger. Erst nachdem ich ihn verloren hatte, wusste ich wirklich, was für eine wichtige Bedeutung er in meinem Leben hatte.

Manfred hatte ein großes Herz. Oft sprach er davon, dass die Menschen mehr aufeinander zugehen müssten, sich dem Gegenüber öffnen sollten, um mehr voneinander zu erfahren als nur oberflächliches Geplänkel. Er dachte an die Ausgestoßenen der Gesellschaft, an die Armen und Obdachlosen, die durch grausame Schicksalsschläge ein elendes Leben führen müssen. Manfred sah vieles kritisch, was in unserem »Sozialstaat« schiefläuft. Auf der einen Seite die Superreichen mit 20 Schlafzimmern und fünf Bädern. Draußen vor der Tür die Obdachlosen, die sich mit Plastiktüten zudecken und nicht wissen, woher sie am nächsten Tag etwas zu essen bekommen. Und dazwischen all die Menschen, die an diesem Elend einfach vorbeigehen und wegschauen. Er hatte deswegen einen großen Groll auf unser Land und plädierte immer für Gerechtigkeit und Nächstenliebe. Ich hatte ähnliche Gedanken, besonders in meiner Zeit als Hoteltechniker. Dort sah ich, wie riesige Mengen übrig gebliebener Lebensmittel täglich in den Müll geworfen wurden. Für den Container und die Leerung musste teuer bezahlt werden. Wie kann es sein, dass diese einwandfreien Lebensmittel bis heute von niemandem mitgenommen werden dürfen, dass man sie nicht den Hungernden auf der Straße zukommen lässt? Manfred war aus einem anderen Holz geschnitzt, er schenkte von Herzen gern. Er sah auch nicht weg oder verschloss seine Augen vor dem Elend. Er öffnete sein Herz und half da, wo er helfen konnte. Manfred war ein besonderer und wertvoller Mensch.

Als ich nach der Trennung von Carola am Boden zerstört war und auch meinen Arbeitsplatz, meine Kinder und mein Haus verloren hatte – Manfred stand mir zur Seite. Er gab mir Beistand auf allen Ebenen: Wir führten viele wichtige Gespräche, er machte mir Mut, dann lenkte er mich wieder ab oder überraschte mich. Während andere »Freunde« mich in dieser Ausnahmesituation alleine ließen, hatte Manfred immer das richtige Gefühl, was meine Seele gerade brauchte.

Mein Vertrauen und meine Bindung zu diesem Menschen waren so stark, dass ich 2004 meine sichere Festanstellung kündigte und mit ihm zusammen einen Kiosk übernahm. Ich höre heute noch seine Worte. »Hans, wenn wir 60 sind, dann setzen wir uns mit einer Zigarre an den Strand, erzählen unsere Lebensgeschichten und helfen da, wo wir gebraucht werden«. Der Kiosk war Manfreds lange gehegter Traum. Er investierte viel Geld, um den Laden zu kaufen und attraktiv umzubauen. Im Oktober 2005, zwei Monate vor seinem Tod, wollte Manfred mit mir eine kleine Reise nach Oberstaufen ins Allgäu unternehmen. Dort wollte er einige Tage ausspannen, wandern und nebenbei einige geschäftliche Dinge besprechen. Wie auch bei unseren früheren Reisen, schloss ich mich ihm gerne an. Nach einem langen, schweren Aufstieg »verschanzten« wir uns in einer Almhütte. Wir sprachen über alles, Privates und Geschäftliches. Manfred lag am Herzen, dass wir uns gegenseitig absichern sollten, falls dem anderen etwas passieren würde. Keiner von uns sollte dann den finanziellen Schaden alleine tragen müssen, das sollte auch notariell beglaubigt werden. Dabei wiederholte er, wie schrecklich es für den anderen wäre, wenn einem von uns etwas zustoßen würde. Er dachte dabei an mich genauso wie an sich selbst. Da ich finanziell schwächer dastand, sollte das gerade für mich eine gute Absicherung sein, um das Geschäft auch alleine weiterführen zu können. Wir entwarfen zusammen eine Art von Testament, die er in der Zeit kurz vor Weihnachten, wenn er wenig Arbeit haben würde, mit einem Notar besprechen wollte. Nach unserem Ausflug beschäftigte ich mich nicht weiter mit der Sache und widmete mich dem Weihnachtsgeschäft.

Anfang Dezember fand unser alljährliches Kollegentreffen in Marienbad in Tschechien statt. Es gab dort ein Lokal, den »Alten Jakob«. Wegen einer Grippe konnte ich nicht teilnehmen. Ich habe heute noch die vier Mitteilungen auf meinem Handy gespeichert, die er mir von dort aus schrieb. Wenn ich ihn und seine Freundschaft vermisse, dann lese ich seine Zeilen und fühle mich ihm nah.

Dann kam der 7. Dezember, der letzte Tag, an dem ich meinen Freund Manfred zum letzten Mal lebend gesehen habe. Wir trafen uns nach Feierabend in seinem Büro, er fragte mich nach meinem Befinden und wie die Geschäfte liefen. Dann erzählte er mir von dem Treffen in Marienbad und dass er einen Termin beim Steuerberater gemacht hätte, um über unser »Testament« zu sprechen.

Manfred hatte einige Geheimnisse, von denen ich wusste. Eines davon war, dass er einen »verlorenen« Sohn in Tschechien hatte. Diese schockierende, aber erfreuliche Botschaft hatte er selbst erst eineinhalb Jahre zuvor vom Gericht erfahren. Der Junge war mittlerweile 15 Jahre alt und wohnte in einem Ort nahe der tschechischen Grenze. An diesem, unserem letzten Abend bat mich Manfred, mit ihm zusammen im Februar seinen Sohn zum sechzehnten Geburtstag zu besuchen. Es wäre die erste Begegnung zwischen den beiden gewesen, und er wollte mich gerne dabeihaben. Manfred brauchte seelische Unterstützung und hatte Angst vor der Situation; gleichzeitig freute er sich sehr auf dieses schicksalhafte Treffen. Endlich würde er seinen Sohn in die Arme schließen können – wenn dieser das auch wollte. Natürlich sicherte ich ihm meinen Beistand zu.

Dann folgte noch ein Telefonanruf am kommenden Morgen um sechs Uhr früh. Manfred war als Frühaufsteher schon auf dem Weg in die Schweiz und fragte, ob ich am Abend in Freiburg auf ihn warten würde. Er wollte mir noch Unterlagen vom Steuerberater übergeben, »bis später, man sieht sich«. Das waren seine letzten Worte – aus, vorbei.

Am nächsten Tag, ich stand gerade im Kiosk und bediente eine Frau, rief plötzlich die Autobahnpolizei Freiburg an und fragte nach dem Namen von Manfreds Zahnarzt. Auf mein »Warum« sagte man mir, dass Manfred bei einem schweren Unfall auf der Autobahn ums Leben gekommen sein könnte und sie seinen Zahnarzt zur Identifizierung bräuchten. Ich erstarrte innerlich, die Angst kroch durch meinen Körper und lähmte mich augenblicklich. Ich bot mich dennoch an, sofort zur Unfallstelle zu kommen und den Toten zu identifizieren. Da sagte der Beamte, dass das Opfer aus seinem Fahrzeug auf die Gegenfahrbahn geschleudert worden war und dort von drei Lastern überrollt wurde, sodass er nicht mehr zu erkennen sei.

Kopflos, wie in Trance, lief ich aus dem Laden und setzte mich in mein Auto, um Manfred zu suchen. Ich irrte auf der Autobahn herum, fand die Unfallstelle aber nicht. Später wurde mir klar, dass ich auf der falschen Autobahnseite gesucht hatte. Verzweifelt klammerte ich mich an die Hoffnung, dass dies ein Irrtum sein müsse und Manfred jetzt in der Schweiz sei. Ich fuhr wieder zurück zum Kiosk, um ihn anzurufen. Er meldete sich nicht. Ich sprach ihm eine Nachricht aufs Band. Erst als nachmittags einige seiner Verwandte im Laden standen, musste ich begreifen, dass mein bester Freund nicht mehr existierte. Eine lange Zeit der Trauer begann.

Seitdem sind einige Jahre vergangen, und immer noch empfinde ich einen großen Schmerz, wenn ich an Manfred zurückdenke. Der Verlust meines Freundes ist einer der schwersten Steine, die mein Herz zu tragen hat. Sein Tod hat eine große Leere in meinem Leben hinterlassen, die ich nicht neu füllen kann. Dazu kamen Enttäuschungen über andere sogenannte Freunde, die meinen Schmerz und die innere Leere verschlimmerten. Auch meine gescheiterten Ehen ließen mich traurig und einsam zurück: Nach all den Liebesschwüren war ich immer wieder verlassen worden. Meine Partnerinnen hatten den unbequemen Krisenzeiten nicht standgehalten. Sie waren letztlich nicht dazu bereit gewesen, auch schwere Phasen gemeinsam zu überstehen und zusammen nach neuen Lösungen zu suchen. Meine Beziehungen besaßen kein annähernd so starkes Fundament wie meine Freundschaft mit Manfred. Er hatte eines im Leben zutiefst verinnerlicht: Freunde halten in guten und schlechten Zeiten zusammen. Bei ihm fühlte ich mich sicher, konnte voll und ganz vertrauen. Er hat mich spüren lassen, dass er mich auffängt, wenn ich falle. Bei keiner meiner Ehefrauen war ich so sicher aufgehoben wie bei ihm.

Der einzige Trost für mich sind die Erinnerungen an unsere gemeinsame Geschichte, an all die schönen Erfahrungen, die ich mit ihm zusammen machen durfte. Ich habe außerdem gelernt, dass es existenziell wichtig ist, dem Partner, den Kindern, Eltern, Geschwistern, Enkeln und Freunden bei Lebzeiten zu sagen, welche Bedeutung sie für das eigene Leben besitzen. Irgendwann kommt der Tod, ohne anzuklopfen, und es ist zu spät. Erst dann spürt man die ganze Härte des Verlusts bis in die Haarspitzen – womöglich ohne dem anderen jemals mitgeteilt zu haben, was man für ihn empfindet.

Manfred, ich danke Dir von Herzen für unsere schöne gemeinsame Zeit. Du warst für mich einer der wichtigsten Menschen in meinem Leben. Deine Ansichten leiten mich heute noch oft in eine andere, bessere und ehrlichere Richtung. Ich wünsche mir, dass ich Dich wiedersehen darf, wenn der Vorhang auch für mich fällt. So lange trage ich Dich tief in meinem Herzen. Mit Dir hat die Erde einen guten Menschen verloren. Ich wünsche Dir den schönsten Platz im Himmel. Den hast du verdient. Ich werde Dich nie vergessen.

Falsche Freunde

In meiner ersten schweren Lebenskrise in den späten 90er-Jahren hatte mich meine Frau verlassen, meine beiden erwachsenen Töchter waren ausgezogen, das Haus wurde verkauft, meine Arbeitsstelle war weg. Mein Leben hatte sich in ein Nichts aufgelöst.

Ähnlich haltlos und verloren fühlte ich mich einige Jahre später, als ich den Kiosk aufgeben musste, den ich nach Manfreds Tod selbstständig übernommen hatte. Mit einem Mal hatte ich keinen Beruf mehr und sollte von »Hartz IV« leben. Das »Testament«, das Manfred gerade in dieser Zeit zu unserer gegenseitigen Absicherung aufgesetzt hatte, war noch nicht fertiggestellt und somit ungültig. Das bedeutete, dass ich nach der alleinigen Übernahme des mittlerweile unrentablen Ladens bald Konkurs anmelden musste. Da stand ich nun, alleine, ohne Arbeit, mit einem Berg von Schulden. Ich war 54 Jahre alt und hatte mit meiner Krankheitsgeschichte keine Chance mehr, wieder eine Anstellung zu finden. In der ersten großen Lebenskrise hatte mein bester Freund und Kompagnon Manfred mir viel Beistand geleistet, nun lebte er nicht mehr. Er hätte auch jetzt wieder mit mir zusammen eine Lösung gefunden.

Wer ein wahrer Freund ist – das erfährt man nur in den schwierigen Momenten des Lebens. Leider musste ich herausfinden, dass ich gleich mehrere »Freunde« hatte, die immer nur von mir profitiert hatten und selbst nichts geben wollten. Ich war immer einsatzbereit für sie gewesen – jetzt, mit meinen Sorgen und Ängsten, konnte mich keiner mehr gebrauchen. Erwünscht waren meine Arbeitskraft und gute Laune. In dieser aussichtslosen Situation bekam ich nur einen ganzen Sack voll wohlgemeinter Sprüche: »Das wird schon wieder«, »Du schaffst das schon«, »Du hast doch schon viel gepackt«, »Immer positiv denken« und so weiter.

Wieso sagte keiner »Ich bin für dich da« oder »Wir schaffen das gemeinsam«? Warum fragte niemand: »Was genau ist dein Problem?«, »Was können wir tun?« oder gar »Kann ich dir helfen?«

Ich war so verzweifelt, dass ich einige unnötige Operationen über mich ergehen ließ, nur um von dem Krankengeld eine Zeit lang leben zu können. Ich wusste endgültig nicht mehr weiter. Die Banken gewährten mir keinen Kredit, weil ich keine Sicherheiten nachweisen konnte. Ich besaß ja nur eine kleine Rente. Aber ich hatte ja Freunde und Bekannte, denen ich in meinem Leben mit meiner Arbeitskraft als Handwerker geholfen hatte, meistens unentgeltlich, manchmal für einen »Freundschaftspreis«. Jetzt brauchte ich einmal Unterstützung und war sicher, dass mir jemand mit einem Kredit helfen würde – natürlich verzinst. Aber: In meiner verzweifelten Notlage musste ich auch noch den Schmerz verkraften, dass sich meine guten alten Bekannten fluchtartig von mir entfernten. Ich sollte mich wohl schon glücklich schätzen, als eines Tages ein Anruf kam: »Ich wollte nur mal fragen, wie es euch geht.« Da kam meine ganze Verbitterung unvermutet ans Licht: »Ich habe meine Existenz verloren, ich weiß nicht, wie es weitergeht, alle meine Rücklagen sind weg, ich bin nicht gesetzlich versichert, der Verkauf des Ladens deckt meine Geschäftsschulden nicht. Nach sechs Operationen aus Geldnot bin ich gesundheitlich nicht einmal mehr in der Lage dazu, mir nebenbei mit körperlicher Arbeit etwas Geld zu verdienen«.

Nach dieser für mich untypischen Offenbarung herrschte Totenstille am anderen Ende der Leitung. Statt meiner ehrlichen Kapitulationserklärung wurde wohl eine verlogene Antwort von mir erwartet: »Du brauchst Dich nicht um mich zu kümmern, ich komme schon klar«. Aber was ist, wenn es einmal anders kommt? Ich dachte an Manfreds Kritik an unserer deutschen Gesellschaft, die lieber wegsieht, wenn es einem anderen schlecht geht …

Als Bittsteller fühlt sich wohl jeder mies, aber die Reaktionen meiner »Freunde« beschämten mich zutiefst. Die erste Abfuhr bekam ich, weil dieser Bekannte angeblich gerade nicht genug Geld übrig hatte. Kurze Zeit darauf heulte er sich bei mir aus, weil seine Frau ihn beklaut hätte. Er fragte mich in dieser Situation doch tatsächlich, ob er seine Aktien, Gold und Bargeld eine Weile in meinem Tresor aufbewahren könne! Für einen Freundschaftspreis hatte ich zuvor in seinem ererbten Haus gearbeitet, obwohl ich das Geld dringend nötig gehabt hätte. Jetzt ärgerte ich mich über meine eigene blauäugige Großzügigkeit.

Ein weiterer alter Bekannter regte sich mit mir über diese Geschichte auf, war aber selbst nicht bereit, mir etwas von seinem mehr als ansehnlichen Vermögen zu leihen. Ich hätte es mit Zins und Zinseszins zurückbezahlt, dafür lege ich meine Hand ins Feuer. Aber auch hier musste ich eine Absage verschmerzen. Dabei hatte dieser »Kandidat« mich einige Zeit vorher gefragt, wie er sein Vermögen wohl am gewinnbringendsten vor der Steuer verstecken könne.

Am bittersten aber war die Reaktion meines Freundes Günter, der seit meiner Kindheit immer sehr wichtig für mich gewesen war. Er lebte mittlerweile mit seiner Frau in Italien, wo ich ihn wegen seiner familiären Probleme nicht besuchen konnte. Deswegen sah ich ihn nur noch wenige Male im Jahr, wenn er zu mir kam. Dennoch war er nach wie vor meinem Herzen am nächsten – und seine Ablehnung tat mir in der Seele weh. Auch er wollte nichts Genaues über meine Probleme wissen und lehnte meine Bitte nach einem verzinsten Kredit schnell ab. Dabei wusste ich aus seinen eigenen Erzählungen, dass es ihm finanziell sehr gut erging. Er hatte sich mit ausführlichen Beschreibungen seines Erfolges nicht gerade zurückgehalten. Der Gipfel der Ignoranz war dann aber, als er mir bei seinem folgenden Besuch erzählte, dass es bei ihm finanziell prima laufen würde und er seine gut bestückten Konten umschichten müsse, weil es Probleme mit einer Erbschaft gäbe. Auch er war nur damit beschäftigt, sein Geld möglichst gewinnbringend zu verstecken, um noch mehr besitzen zu können. Das erzählte er mir in dieser Situation – ein Schlag ins Gesicht! Ich fühlte mich übergangen und gedemütigt.

Schon in den Jahren zuvor hatte er nur noch von sich selbst geredet, von seinen familiären Problemen, von den Erbstreitigkeiten. Jetzt faselte er etwas davon, wie wichtig ihm unsere Freundschaft nach wie vor sei. Diese Aussage war für mich der blanke Hohn und traf mich bis ins Mark. Seine grausame »Blindheit« verletzte mich so sehr, dass ich zu einem Gegenschlag ausholte und ihm einen Abschiedsbrief nach Italien schickte. Darin schrieb ich von seinem Egoismus, dass er in den letzten Jahren nur noch von sich und seinen großen beruflichen Erfolgen erzählt hatte, seine zwischenmenschlichen Probleme bei mir abgeladen hatte – aber nach meinem Befinden hatte er nicht gefragt. Er hat genau gewusst, dass ich nach dem Konkurs dringend Hilfe brauchte – und tat einfach so, als würde ihn das nichts angehen. In dieser verzweifelten Lebenssituation hatte Günter mich alleine gelassen, gleichgültig und von sich selbst eingenommen. So einen Vertrauten wollte ich nicht länger an meiner Seite haben. Ich kündigte ihm in diesem Brief unsere Freundschaft. Das hat mich entlastet und ich konnte wieder erhobeneren Hauptes durchs Leben gehen. Bis heute haben wir nichts mehr voneinander gehört. Der Verlust meines langjährigen Freundes ist hart und traurig – noch schmerzlicher aber waren Enttäuschung, Einsamkeit und Demütigung.

Wer mir dann letztlich finanziell aus der Patsche geholfen hat, war nicht etwa ein »Freund«, sondern Manfreds ehemaliger Steuerberater. Dieser Bekannte, der mir privat gar nicht nahe stand, nahm sich Zeit für mich und meine Probleme. Manfreds und mein Schicksal tat ihm leid – er hat ein großes Herz, und er wollte mich in dieser schweren Krise nicht alleine lassen. Er stand mir mit Rat und Tat zur Seite, vertraute mir und verschaffte mir schließlich das Geld, das ich so dringend brauchte. Bis jetzt habe ich einige Rechnungen bei ihm offen, die ich ihm über die Jahre hinweg jeden Monat in kleinen Beträgen abbezahle. Zumindest er weiß genau, dass er auf mich zählen kann. Seine Gutmütigkeit ist ein großer Segen für mich.

Heute bin ich immer wieder mal traurig über den Egoismus einiger Freunde und Bekannte. Ein ganzes Leben lang habe ich mich darum bemüht, ein wahrer und großzügiger Freund zu sein. Bis heute muss ich mit psychologischer Unterstützung lernen, auch einmal »Nein« zu sagen, damit meine Hilfsbereitschaft nicht wieder ausgenutzt wird. Zu mir zurückgekommen ist leider nur wenig. Viele meiner Bekannten, egal ob männlich oder weiblich, haben eine dicke Mauer um sich und um ihren Besitz gebaut. Sie wollen nichts teilen, weder Besitz, noch

Gefühle, noch Vertrauen. In ihrer Angst vor Verlust sind sie so erstarrt und leblos, dass man meinen könnte, sie seien zu Stein geworden – wie die Mauern, die sie um sich und ihr Herz gebaut haben.

Nach meinen Besuchen in Kanada weiß ich, dass dieses Verhalten teilweise in unserer deutschen Mentalität verwurzelt ist. In Kanada schenken sich die Menschen deutlich mehr Aufmerksamkeit und Vertrauen. Auch Fremden gegenüber ist man unvoreingenommen und hilfsbereit. Auf meinen einsamen Spaziergängen durch die Landschaft wurde ich mehrfach angesprochen und zum Essen nach Hause oder zu Grillfesten eingeladen. Schnell und freundlich kommt man ins Gespräch. Wird der Rasen im eigenen Garten gemäht, erledigt man das beim Nachbarn gleich mit, ohne viele Worte zu verlieren. Ist der Nachbar übers Wochenende unterwegs, ist es selbstverständlich, dass man seinen Garten auch mit Wasser versorgt – ohne es in Rechnung zu stellen.

Bei uns kann man leider nicht mit einer solchen Nächstenliebe rechnen. In Deutschland lässt man keine »Fremden« ins Haus, alles wird verschlossen und dicht gemacht. Hohe Drahtzäune, Hecken und Mauern verwehren den Zutritt. Je größer der Besitz, desto gieriger die Menschen. Von einem Bettler kann man mehr erwarten als von einem Millionär! Vielleicht muss erst wieder eine große Not kommen, in der jeder auf den anderen angewiesen ist, damit die Menschen zur Besinnung kommen und spüren, auf was es im Leben wirklich ankommt. Vielleicht würden wir dann unsere Herzen wieder öffnen?

Nicht ohne meine Kinder

Schon als Kind hatte ich mir geschworen, meinen eigenen Kindern die Liebe zu schenken, die ich von meinem Vater nie bekommen habe. Wie sehr habe ich mich danach gesehnt, eine glückliche Familie zu haben. Aber auch mit Rita gab es ein ähnliches Problem wie schon mit meiner zweiten Frau Carola.

Im März 2011 wurde in dem Dreifamilienhaus in Friesenheim, in das ich mit Rita gezogen war, eine Wohnung frei. Sie bestand aus vier Zimmern und lag im Erdgeschoss. Meine Tochter Nicole hatte in ihrer damaligen Wohnung Schimmel und war mit dem Vermieter verkracht. Sie fragte, ob es Rita und mir recht sei, wenn sie in »unser« Haus ziehen würde. Keine Frage, für mich bedeutete dieses erneute Zusammenleben mit einer meiner Töchter eine große Freude!

Als ich mit Rita darüber sprach, reagierte sie skeptisch. Sie befürchtete, dass ich mich dann mehr bei meiner Tochter als bei ihr aufhalten würde. Aber das wäre weder in meinem noch in Nicoles Sinne gewesen. Sie war erwachsen und hatte ihr eigenes Leben, so wie ich auch – und das wollten wir beide behalten. Dass wir, Vater und Tochter, räumlich wieder zusammenrücken sollten, erfüllte mich dennoch mit einem tiefen Glück. Drei Generationen unter einem Dach und dazu die »neuen« Lebenspartner: Würden wir jetzt und hier ein friedliches Leben miteinander führen können? Ein solches Zusammenleben war eine große Chance für uns alle. Ich hörte zwar unter anderem von Rita, dass Alt und Jung in der Regel nicht unter einem Dach zusammen auskommen würden – aber wir mussten ja nicht die Regel sein! Der einzige Wermutstropfen war mein schlechtes Gewissen meiner Tochter Simone gegenüber. Sie musste annehmen, dass ich Nicole bevorzuge. Aber diese Wohnsituation hatte sich durch die Umstände ergeben. Ich liebe meine Töchter beide gleich, und auch bei meinen Enkeln mache ich keinen Unterschied. Ich trage euch alle in meinem Herzen!

Schon bald erwies es sich als unmöglich, meine Kinder und die »neue« Frau glücklich unter einem Dach zusammenzubringen. Wieso musste ich noch ein weiteres Mal die Erfahrung machen, dass die Frau an meiner Seite nicht mit meiner Liebe zu den Kindern zurechtkam? In meinem Herz ist doch genügend Platz für alle!

Immer wieder waren es Eifersucht und Missgunst, die ich von meinen Partnerinnen für die Zuneigung zu meinen Kindern erfahren musste. Sie wollten mich für sich alleine haben, ohne Kinder. Dabei habe ich von Anfang an klargestellt, dass ich meine Kinder und Enkel über alles liebe. Was ist daran falsch? Bis heute verstehe ich nicht, warum jemand überhaupt auf die Liebe zu Kindern eifersüchtig ist. Darüber freut man sich doch mit dem Partner zusammen? Gerade Rita, die selbst Kinder hat, hätte diese Elternliebe doch nachvollziehen können. Dabei war es gar nicht so, dass ich übermäßig viel Zeit mit meinen Kindern und Enkeln verbrachte. Aber ich wollte und will für sie da sein und ihnen zur Seite stehen, wenn sie Hilfe brauchen. Auch jetzt, da sie erwachsen sind und selbst Kinder haben, will ich sie weiterhin tatkräftig unterstützen. Meine Enkel will ich aufwachsen sehen, meinen Beitrag als Opa leisten. Sie stammen von mir ab, sind ein Teil von mir, mein Fleisch und Blut – das, was von mir bleiben wird auf dieser Welt. Das lasse ich mir von niemandem nehmen.

Wie oft griff Rita mich dafür an, dass ich zu viel für meine Kinder tue, ihnen mit meiner Hilfe hinterherrennen würde. Ich sollte immer nur für meine Frau da sein. Aber da biss sie bei mir auf Granit. Die Liebe zu meinen Kindern verteidige ich wie ein Löwe – wenn es sein muss auch bis zum bitteren Ende der Beziehung. Bei diesem Thema bin ich nicht bereit, zu diskutieren oder Kompromisse zu machen. Obwohl ich das von Anfang an klar äußerte, gerieten Rita und ich immer wieder darüber in Streit.

Ich verlange Akzeptanz für meine Gefühle und meine Sorge den Kindern und Enkeln gegenüber. Mich gibt es eben nicht alleine, sondern nur »im Paket«. Ich finde, das steht jedem Menschen zu, und ich werde davon nicht abweichen. Weder Carola noch Rita hat es je verstanden, dass sie mit ihrem eifersüchtigen und spalterischen

Verhalten letztlich eine Distanz in unsere Paarbeziehung bringen. Ich habe beide schon früh davor gewarnt, dass sie bei diesem Kampf letztendlich verlieren würden. Meine erste Frau Inge hatte beteuert, dass sie ohne mich nicht leben könne – wenige Tage verschwand sie für immer aus meinem Leben. So etwas kann passieren, ohne Rücksicht auf Liebesschwüre oder auf die gemeinsame Geschichte. Plötzlich wird man einfach ausgetauscht, aus, vorbei. Das musste ich leider schmerzlich erfahren und es hat mich geprägt – auch wenn ich bei einer neuen Partnerschaft immer sehr um neues Vertrauen bemüht war.

Die Beziehung zu meinen Kindern gebe ich nicht auf, für keine Frau der Welt. Meine Nachkommen werden mich ein Leben lang begleiten, sie sind und bleiben ein Teil von mir.

Heute habe ich den großen Wunsch, dass ich noch miterleben darf, wie sich meine beiden Töchter Simone und Nicole wieder vertragen. Sie sprechen seit etwa zehn Jahren kein Wort mehr miteinander und gehen sich strikt aus dem Weg. Das schmerzt mich zutiefst. Beide sagen, dass jede ihren eigenen Weg geht und kein Interesse mehr aneinander besteht. Ich wünsche mir sehr, dass sie wieder zueinanderfinden und dass sie in Notzeiten füreinander da sein werden. Schon lange träume ich von einem Fest, das ich mit beiden Töchtern und allen Enkeln gemeinsam feiern darf. Es würde mir sehr viel bedeuten, wenn meine Töchter sich wieder in die Augen schauen könnten.

Beziehungskämpfe

Rita hatte am am Anfang unserer Beziehung sehr tolerant auf meine Bitte reagiert, mir etwas Zeit und Freiraum für meine persönlichen Bedürfnisse zu schenken. Hätte ich gewusst, wie wenig Luft zum Atmen sie mir später lassen würde, hätte ich sie nicht geheiratet. Auch in ihrem Sinn: Wie sich im Lauf der Zeit herausstellte, waren meine Arbeit, meine Kinder, meine Freunde, meine Interessen, mein ganzes Leben außerhalb der Beziehung eine Zumutung für sie. Sie litt darunter, und auch sie war nicht glücklich.

Im Juni 2011 war ich mit Rita nach Garmisch-Patenkirchen zu ihrem Sohn gefahren. Sie wollte dort eine Woche verbringen, um ihm beim Packen von Umzugskartons zu helfen. Ich hatte sie gebeten, an diesem Ort einmal in Ruhe über unsere Beziehung und ihre konkreten Wünsche an mich nachzudenken. Auch ich wollte mich dort für einige Tage zurückziehen, um meine Gedanken zu ordnen. Nach der gemeinsamen Hinfahrt fuhr ich in eine nah gelegene Gegend, wo ich früher einmal mit meinem verstorbenen Freund Manfred gewesen war. Rita konnte diesen Wunsch überhaupt nicht nachvollziehen. Wieder einmal fühlte sie sich von mir alleine gelassen. Dabei war sie doch bei ihrem Sohn, den sie nur so selten sah.

Ich brauche diese Art von Freiheit für mein Herz, meine Seele. Ich habe erfahren, dass man sein Leben nicht ganz und gar nach den Wünschen des Partners ausrichten sollte. Ich hatte zu dieser Zeit das Bedürfnis, wieder ins Reine mit mir selbst zu kommen, nachzudenken, zu schreiben, um meinen Freund Manfred zu trauern. Früher habe ich alles getan, was meine Partnerinnen von mir verlangten, immer wollte ich es recht machen, meine eigenen Wünsche gingen dabei unter. Heute finde ich es sehr wichtig, von Zeit zu Zeit auch einmal alleine zu sein und nur das zu denken und zu tun, was einem selbst in den Sinn kommt. Solche kurzen »Beziehungspausen« sind nötig, um sich selbst treu zu bleiben. Aber auch mit mir war es nicht einfach: Waren Rita und ich zusammen, sehnte ich mich oft nach Freiheit. War ich dann alleine unterwegs, wünschte ich mir Rita wieder an meine Seite und sehnte mich nach Geborgenheit.

Leider stellte sich heraus, dass die Beziehung von Rita und mir dem alltäglichen Kampf nicht gewachsen war. Neben meinem 400-Euro-Job nahm und nehme ich alle möglichen Arbeiten an, die sich gerade bieten. Ich muss meine Altlasten aus der Selbstständigkeit bezahlen; diese Schulden sollen meine Kinder später nicht ausbaden müssen. Rita ging zusätzlich zu ihrer kleinen Altersrente mehrmals wöchentlich putzen. Zu ihrem und meinem Leidwesen war sie sehr unzufrieden mit unserem Lebensstandard. Sie legt viel Wert auf Äußeres und darauf, was andere Leute sagen. Auch das war ein Grund für mich, so viel wie möglich zu arbeiten. Aber auch dafür habe ich bei ihr nur Unzufriedenheit geerntet – weil ich so natürlich nicht ständig zu Hause sein konnte, was sie jedoch am liebsten wollte. Sie telefonierte mir den ganzen Tag hinterher und forderte, dass ich bei ihr sein solle. Das bedrängte mich, aber meist eilte ich gleich nach der Arbeit heim – um doch wieder nur mit Vorwürfen und Unzufriedenheit empfangen zu werden.

Oft habe ich versucht, ihr zu erklären, dass ich in meinem Leben viele schwierige Zeiten durchgestanden habe und es immer wieder aufwärtsging. Dass ich ein Kämpfer bin und wir uns nicht unterkriegen lassen sollten. Ich habe ihr auch gesagt, dass ich dazu ihre Unterstützung und ihr Vertrauen brauche. Ich spürte aber, dass sie nicht wirklich daran glaubte, dass wir den Karren wieder aus dem Dreck ziehen können. Mein Selbstwertgefühl ist heute recht tragfähig und bietet für mich ein gutes Fundament, um darauf zu bauen. Leider hatte Rita meist nur Zweifel und Kritik für mich übrig. Daraufhin band ich sie immer weniger in Entscheidungen ein und stellte sie zunehmend vor vollendete Tatsachen – was wiederum nur Ablehnung bewirkte.

Am schwersten wog allerdings die Tatsache, dass Rita furchtbar eifersüchtig auf mein Leben außerhalb der Beziehung war, insbesondere auf meine Liebe zu den Kindern. Mehr und mehr trieb sie einen Keil zwischen Vater und Töchter und verlangte von mir weniger Kontakt zu ihnen, weniger Unterstützung, weniger Aufmerksamkeit. Aber die Liebe zu meinen Töchtern lasse ich mir von niemandem nehmen. Schließlich kam es so, dass Rita und ich uns im Oktober 2013 voneinander trennten. Sie nahm eine eigene Wohnung, ich half ihr beim Umziehen. Wir waren beide sehr enttäuscht, konnten aber wenigstens in Frieden auseinandergehen.

Kindeskinder

Als meine große Tochter Simone mir im Winter 1996 erzählt hatte, dass sie ein Kind erwarten würde, wallten große Gefühle in mir auf. Eine neue Generation sollte in meine Familie kommen – und ich war von Herzen glücklich darüber. Erst mit dieser Botschaft habe ich wirklich begriffen, dass meine Kinder erwachsen geworden waren.

Mein Enkel Dennis wurde gesund geboren (19.07.1997) und drei Jahre später bekam Simone noch ein Mädchen namens Lea (22.02.2000).

Ich liebe meine Enkel und hätte sie am liebsten gleich wie meine eigenen Kinder bei mir aufgenommen. Aber es entwickelte sich leider so, dass Dennis und Lea mich zwar immer wieder, aber nicht allzu häufig besuchten. Das lag daran, dass ich in ihren ersten Lebensjahren in Freiburg arbeitete und dort auch gern meinen Feierabend verbrachte. Nach der Scheidung von Carola 1998 war ich viel mit mir selbst und meinen Problemen beschäftigt. Ich unternahm mehrere Reisen mit Manfred und verliebte mich schließlich in Rita. Dann verpulverte ich all meine Zeit und Kraft in unseren selbstständig geführten Kiosk. Der »Alltag« fraß mich auf. Das tut mir heute leid – und ich würde es gerne noch einmal anders machen. Dennoch wissen meine Enkel, dass ich für sie da bin und sie von Herzen liebe.

Simone hat immer mit aller Kraft für ihre Kinder gekämpft. Vielleicht hat sie die Kämpfernatur von ihrer Oma geerbt. Als geschiedene, alleinerziehende Mutter musste Simone einen steinigen Weg gehen. Bis zuletzt kämpfte sie für ihre Beziehung, um das Familienleben zu erhalten. Letztlich musste sie ihre Ehe doch aufgeben. Wenn sich Eltern ständig streiten, ist das auch für die Kinder keine Basis mehr. Simone hat alles Menschenmögliche dafür getan, dass es ihren beiden Kindern gut geht; sich selbst hat sie immer hinten angestellt. Dafür möchte ich ihr hier meinen Respekt aussprechen: Mein Kind, ich bin sehr stolz auf Dich. Die Löwenmama hat 2011 ihren vierzigsten Geburtstag gefeiert. Ich hoffe, dass ihre Zukunft mit Kindern und Partner voller Glück und Lebensfreude ist!

Auch meine Nicole hat mich zu meiner großen Freude mit Enkelkindern beschenkt: Am 28.08.2009 wurde die kleine Fabienne gesund geboren. Im Herbst 2011 kam Nicole auf mich zu und wollte mit mir sprechen. Es war ihr gleich anzumerken, dass es um etwas Wichtiges ging. Unter Tränen nahm sie mich in den Arm und sagte mir, dass sie schwanger sei. Ich spürte eine große Freude in mir aufwallen und sah ihr tief in die Augen: »Das ist schön, aber warum weinst du – oder sind das Freudentränen?« Dann platzte es aus ihr heraus: »Papa, du wirst gleich zweimal Opa, ich bekomme Zwillinge«. Was für eine frohe Botschaft! Wir hielten uns noch fester in den Armen. Ich wollte sie gar nicht mehr loslassen und bedankte mich vielmals für dieses wunderbare Geschenk.

Nach dem ersten Freudentaumel erzählte sie von ihren Sorgen: ob sie das überhaupt alles schaffen würde und weiterhin arbeiten können würde. Ich drückte sie nochmals mit aller Kraft und redete ihr gut zu. Sie hatte sich noch ein Kind gewünscht. Auch wenn jetzt gleich zwei auf einmal kommen wollten, würde sie das schon hinbekommen. Jetzt galt es, zuversichtlich nach vorne zu schauen. Am 06.06.2012 brachte Nicole schließlich zwei gesunde Mädchen zur Welt: Marleen und Luisa. Mein Kind musste große Schmerzen durchstehen – und ich war unsagbar erleichtert, als sie diese Schwangerschaft und Geburt endlich überstanden hatte.

Jetzt bringe ich Nicoles größere Tochter Fabienne morgens vor der Arbeit zum Kindergarten und hole sie mittags wieder ab. Ich habe immer noch nicht viel Zeit übrig, um meine Töchter und Enkel häufiger zu sehen. Ich würde es mir von Herzen anders wünschen – aber ich muss mit meinen bald 66 Jahren noch sehr viel arbeiten. Es ist meine Pflicht, meine Schulden abzubezahlen, die damals durch die Aufgabe des Kiosks entstanden sind. Dass ich darüber mit meinen Kindern in Streit geraten bin, bereitet mir großen Kummer. Sie sagen, ich solle weniger arbeiten, meine

Gesundheit pflegen, mit weniger Geld zufrieden sein und mein Leben mehr genießen. Nicole hat mir mitgeteilt, dass sie von mir enttäuscht sei, und sie lässt mich das auch spüren. Sie hätte sich einen Opa mit viel Zeit für ihre Kinder gewünscht. Ich weiß nicht, was ich machen soll, und wir kommen in diesem Punkt einfach nicht weiter.

Ich werde noch mindestens drei Jahren arbeiten müssen, um mein Leben zu finanzieren und um meine Altlasten begleichen zu können. Deswegen sehe ich keinen anderen Ausweg, auch wenn ich mich liebend gern mehr um mein Wohlergehen und um meine Familie kümmern würde. Aber damit wären meine Gläubiger nicht einverstanden; sie wollen jeden Monat ihr Geld. Nicole und Simone haben so eine Situation früher nie kennengelernt. Sie waren daran gewöhnt, dass wir immer ausreichend Geld zur Verfügung hatten. Aber jetzt bin ich Rentner und bekomme zwei Drittel weniger als früher. Wenn mein Schicksal gnädiger gewesen wäre, hätte ich heute zumindest noch eines der beiden Häuser. Dann könnte ich auch meine Kinder und Enkel mit mehr Zeit und Geld unterstützen.

Diese Situation macht mir immer wieder zu schaffen, und das schlechte Gewissen nagt an mir. Ich hoffe sehr, dass mir nach all der Schinderei noch genügend Zeit bleiben wird, um sie mit meinen Lieben zusammen zu genießen. Dass ich Vater von zwei Kindern werden durfte, hat mich für das Leid meiner eigenen Kindheit entschädigt. Sie sind meine Erfüllung, mein Lebenssinn, der mir immer wieder Kraft gegeben hat, um weiterzukämpfen.

Heutigen Vätern möchte ich gerne raten: Nehmt euch so viel Zeit für Eure Kinder, wie es nur irgend möglich ist. Statt mit Freunden und Bekannten loszuziehen – lieber etwas mit den Kindern unternehmen. Man kann sie fast überall hin mitnehmen, egal, was die Leute sagen. Wie schnell werden Kinder groß und gehen ihre eigenen Wege – und man merkt zu spät, dass man viele spannende Entwicklungen verpasst hat. Gerade wir Väter sind betroffen, da wir ja oft als Hauptverdiener eingespannt sind. Umso mehr sollte man jede Gelegenheit für Unternehmungen mit den Kindern nützen! Die Zeit kommt nicht mehr zurück. Was bleibt, sind Erinnerungen. Manchmal wünsche ich mir, meine Kinder wären noch bei mir und ich könnte sie wieder einschlafen und aufwachen sehen – aber das geht leider nicht mehr.

Heute habe ich meine Enkelkinder, die ich über alles liebe: Dennis, Lea, Fabienne, Luisa und Marleen. Ich bin sehr glücklich, dass es euch gibt!

Lebe Dein Leben

Viele Abschiede und Neuanfänge habe ich hinter mir. Ich weiß, was es bedeutet, etwas zu verlieren – ob es die Heimat, geliebte Menschen oder Besitz ist. Ich habe erfahren, wie es ist, am Abgrund zu stehen und keinen Ausweg mehr zu sehen. Trotz aller negativer Erfahrungen habe ich nie ganz den Lebensmut verloren. Mit meiner Geschichte möchte ich gerne anderen »Niedergeschlagenen« etwas Zuversicht schenken. Auch wenn es aussichtslos erscheint: Es lohnt sich immer, an Träumen festzuhalten. Man hat mir oft nachgesagt, ich sei ein Träumer und solle besser ein Realist werden. Aber ich verteidige meine Wünsche, sie tragen mich wie eine Wolke. Ob es nun »Hirngespinste« oder ausgefeilte Pläne sind: Wünsche schenken mir ein leichteres Lebensgefühl. Dann habe ich ein Ziel vor Augen und komme in Bewegung, was sich überaus positiv anfühlt. Ein Traum wappnet mich gegenüber traurigen, depressiven Elementen. Geht er nicht in Erfüllung, wandle ich ihn ab. Oder ich gebe mir mehr Zeit. Oder ich beschäftige mich mit dem nächsten Wunsch auf meiner langen Liste. Das hält mich lebendig – lässt mich heute aber nicht mehr in blinde Rastlosigkeit verfallen.

Auch Wünsche und Pläne wollen gepflegt sein. Ich lasse mich nicht mehr so schnell aus der Ruhe bringen, wenn eine meiner »Seifenblasen« zerplatzt. Ich habe gelernt, dass es nie darum geht, einen Schuldigen zu suchen – ob bei mir selbst oder beim Gegenüber. Das hilft niemals weiter! Gebraucht werden Geduld und Beweglichkeit: Kann ich mein Ziel vielleicht auf andere Weise erreichen? Oder gibt es nicht schon einen Teilerfolg und ich brauche nur etwas mehr Zeit? Oder habe ich vielleicht mittlerweile einen ganz anderen Wunsch, der einen neuen Plan erfordert?

Mein Vater war ein Säufer und brutaler Schläger. Trotzdem habe ich es geschafft, dass ich nicht dem Alkohol verfallen bin. Ich habe nie jemanden verprügelt, meinen Kindern habe ich kein Haar gekrümmt.

In den vielen schwierigen Momenten meines Lebens habe ich an die Menschen gedacht, die mir wirklich wichtig waren. Meine Lieben wollte ich auf keinen Fall enttäuschen, das hat mich oft vor Fehlern und auch vor mir selbst bewahrt. Zuerst war es meine Mutter und später vor allem meine Kinder, für die ich mich immer wieder aufgerappelt habe, neue Kräfte sammelte und wieder zurück ins Leben gekommen bin. Für sie konnte ich mich selbst am Schopf packen und das Leben wieder in die eigenen Hände nehmen.

Ich habe mein Leben lang unter der schweren Last meiner grausamen Kindheit gelitten – aber ich habe mich davon nicht erdrücken oder klein kriegen lassen. Meine Seele hat tiefe Wunden davongetragen, die immer wieder mit aller Macht gegenwärtig werden. Meine Rettung ist, dass ich in diesen schweren Krisen immer wieder professionelle psychotherapeutische Hilfe gesucht und zugelassen habe. Das ist bis heute so, mittlerweile bin ich 66 Jahre alt. Wenn ich merke, dass ich eine neutrale Person zum Reden brauche, um wieder einmal Ballast abzuwerfen – dann habe ich weder Scheu noch Scham, zu einem Psychologen zu gehen. Dort kann ich mir alles frei von der Seele reden, muss nichts aussparen und kann all das loslassen, was mich verfolgt. Immer wieder gibt es Situationen, da stehe ich in einer Sackgasse, rase ziellos hin und her, ohne den richtigen Weg zu finden. Meine Kraft verlässt mich und ich spüre, dass ich kurz vor dem Zusammenbruch stehe, wenn ich mich jetzt nicht wieder selbst am Schopf packe. Dazu gehört auch, Hilfe anzunehmen. Unser Stolz, der sich zunächst wehrt, antwortet auch bei mir erst einmal: »Ich brauche niemand, der mir Ratschläge erteilt.« Aber dieser Stolz bringt mich nicht weiter, er lässt mich einsam und verzweifelt zurück. Wenn die Seele um Hilfe ruft, dann sollte man darauf hören! Es sind allzu deutliche Signale, die nicht zu übersehen sind: Alles tut weh, der ganze Körper, die Gefühle und die Wahrnehmungen sind reiner Schmerz. Die Einsamkeit mit diesem Zustand wird unerträglich. Dann ist es soweit, dass man sich öffnen sollte und sich jemanden sucht, dem man vertrauen kann, der endlich das schmerzlich vermisste Verständnis geben kann.

Ich habe 46 Jahre lang gearbeitet und mit meinen eigenen Händen zwei Häuser gebaut. Ich war süchtig nach Arbeit und wollte immer mehr, mehr, mehr. Meine Angst davor, wie in meiner Kindheit nochmals mein Zuhause verlieren zu müssen, war übermächtig. Ich habe versucht, meine Ängste klein zu halten, indem ich bis zum Umfallen gearbeitet habe. Dabei habe ich die Verbindung zu meinen Lieben zeitweise verloren. Heute sind mir beide Häuser und viele materiellen Dinge wieder abhandengekommen. Ich musste lernen, mit wenig auszukommen. Dabei entdecke ich zunehmend, dass es gar nicht so schwer ist, auch mit weniger Besitz zufrieden zu sein. Ich will heute nicht mehr darüber unglücklich sein, was ich alles nicht habe. Ich will froh sein über das, was ich habe. Das ist manchmal ganz einfach, dann wieder schwer. Heute kann ich auch die kleinen Dinge würdigen, sie pflegen und mich von Herzen darüber freuen, dass ich sie besitze.

Dieses Leben habe ich von Gott geschenkt bekommen, und ich kämpfe dafür wie ein Löwe. Ich werde immer weiter daran arbeiten, mein Leben so zu lieben wie es ist und mich selbst so zu lieben, wie ich bin. Ich will mit mir selbst gut auskommen und auch alleine sein können. Deswegen brauche ich meine Freiheit wie die Luft zum Atmen, auch wenn das manch einem Partner überflüssig erscheinen mag. Mir verhilft es zur Liebe zu mir selbst – und ich glaube, man kann nur dann ehrliche Liebe geben, wenn man lernt, sich selbst zu lieben.